LowFett 30
Backen

Gabi Schierz • Gabi Vallenthin

LowFett 30 Backen

mit LowFett 30 mehr Genuss

Bassermann

Inhalt

Einleitung

Rezepte

Anhang

Vorwort

LowFett 30-Backen

Backen ist etwas ganz Feines: Erinnern Sie sich an die Duftschwaden, die am Wochenende aus der Küche Ihrer Mutter bis in die Diele strebten, an den Geruch von Weihnachtsplätzchen und Geburtstagskuchen? An Brot und Brötchen, an Pizza oder Hörnchen? Selbst eine Ladung Plätzchen, die dem „Gott der Holzkohle" geopfert wurde, hatte geruchsmäßig noch was zu bieten.
Wir sind gerne zum Bäcker gegangen (heute riecht kein Bäcker mehr so wie in unserer Kindheit), wir haben geschnuppert und uns gefreut und dann kamen wir in die Pubertät, wir wurden älter, wir bekamen zu viel Speck auf die Rippen und „ZACK" wurde aus der duftenden Welt der Backwaren die lodernde Hölle der Verführung. Die Welt der Figurkiller. Die Bedrohung aus Mehl, Zucker und Butter. Ab dieser Zeit brachten wir das Wort „Diät" nie mehr sofort mit den Gehältern von Politikern in Verbindung, sondern immer mit hungern, schlechter Laune, frieren und Frust. Alles was uns gefällt ist entweder verboten, unkeusch oder macht dick. Zum Glück ist dieser Satz mittlerweile nur noch fast richtig.

Gabi Schierz (l.)
Gabi Vallenthin (r.)

Bei Backen denken wir nach wie vor an Kuchen, Kekse, Muffins und Torten … alles Köstlichkeiten, die uns aufgrund der positiven Erinnerungen, die wir an sie haben, und der Notwendigkeit, sie aus unserem Leben mehr oder minder zu streichen, in eine verdammte Zwickmühle bringen.
Bis heute. Also genau genommen, bis Sie dieses Buch erworben haben. Denn wir werden Ihnen jetzt, hier und heute zeigen, dass Backen auch dann Spaß machen kann, wenn man abnehmen und gesünder leben möchte, weil nicht zwangsläufig alle Backwaren dick machen. Nicht einmal die, die uns richtig gut schmecken.

Ihre
Gabi Vallenthin und Gabi Schierz

Das ist LowFett 30

LowFett 30 ist ein Gesamtkonzept. Es bedeutet, seine Ernährung so umzustellen, dass man max. 30% der Kalorien aus Fett zu sich nimmt – und gleichzeitig mehr Bewegung ins Leben zu bringen. Deshalb gibt es auch eine Kooperation mit dem DNV, dem Deutschen Nordic Walking und Nordic Inline Verband, dessen professionelle Bewegungs-Trainer mit Ernährungsvorbildung so von uns geschult werden, dass sie in der Lage sind, Ernährungsberatung mit wöchentlicher Bewegung zu kombinieren und Ihnen so zu Ihrer Lieblingsfigur zu verhelfen. Sie bieten auch unser beliebtes „Einkaufstraining" sowie Koch-Events an und stehen für Vorträge zur Verfügung, beispielsweise im Bereich „Firmenfitness".

Denken Sie um!

Egal wie Sie ein Lebensmittel auch nennen wollen. Ob Sie dazu „Kuchen" sagen oder „Nachtisch", ob Sie es „Pizza" nennen oder „Eisbecher" ... der Name als solcher sagt noch gar nichts über die Qualität des Lebensmittels aus. Auch „bio" oder „Vollwert" sind noch keine Garanten, dass uns das jeweilige Nahrungsmittel wirklich gut tut. Die Zusammensetzung allein ist entscheidend für den „Wert", den ein Nahrungsmittel für uns hat. „Kuchen" bedeutet noch lange nicht „ungesund", „Kekse" machen nicht zwangsläufig dick. Wenn die Grundzutaten im richtigen Mischungsverhältnis zueinander stehen, kann selbst aus einem tollen Eisbecher ein seriöser Bestandteil Ihres Abnehmkonzeptes werden. Die einzige Voraussetzung dazu ist, dass Sie eine wesentliche Regel für eine schlanke(re) Linie einhalten: Vor allem tierisches Fett sparen, wo immer es geht. Bei „Vollwert"-Kost dagegen wird häufig so extrem in Butter, Schmand, Sahne und Nüssen geschwelgt, dass uns ein kleines Stückchen Kuchen so viele Kalorien beschert wie ein anständiges LowFett 30-Mittagessen.

„Bösewicht" Fett?

Fett ist weder böse noch schlimm. Nur in den Mengen, wie wir es in Nahrungsmitteln und beim Kochen verwenden ist es eben einfach ein bisschen zu viel. Wir essen gerne Frittiertes, Gratins und Aufläufe, Panaden und Cremes, Eis und Speck. Wir nehmen Majonäse zur Wurst, entscheiden uns für gebratenen Leberkäse mit Ei und gönnen uns anschließend den Schokoriegel mit den vielen Nüssen zum Dessert. Fett ist aber der Energieträger unserer Nahrung, der uns am meisten Brennwert beschert, sprich: Der die meisten Kalorien hat. Wer beim Fett spart, spart doppelt Kalorien: Weil Fett mit 9 kcal pro Gramm mehr als doppelt so viel Kalorien mitbringt wie Kohlenhydrate oder Eiweiß (je 4 kcal pro Gramm).

Fett ist schlimmer als Zucker?

Allgemeingültige Statements sind zwar sehr verbreitet, aber eigentlich alle vom Ansatz her falsch. Und das gilt auch für diese Behauptung: Es gibt nämlich kein „schlimm", „ungesund" oder „gefährlich" ... entscheidend ist zum einen die Zusammensetzung, die Dosierung – und zum anderen Ihr Körper selbst.
Es gibt Menschen, die setzen Nahrungsfett umgehend in Körperfett um, andere dagegen können futtern wie die Scheunendrescher und nehmen bloß nicht zu. Claudia Schiffer hat zum Beispiel über sich einmal gesagt, dass jedes Milchprodukt sofort auf ihren Hüften landet. Sie nimmt von Joghurts leichter zu als von anderen Lebensmitteln. Andere dagegen werden sofort dick, wenn sie Kartoffeln essen. Auch für den einzelnen Menschen gibt es keine allgemein gültigen Regeln.
Entscheidend ist, dass man die verschiedenen Parameter für sein Gewicht kennen lernt und dann austestet, wie man sich den Wunsch nach weniger Pölsterchen und größerem Wohlbefinden am einfachsten erfüllen kann.

Die Parameter für Ihr Gewicht

Früher galten Übergewichtige einfach nur als disziplinlos. Wer zu dick war, war einfach ein grässlicher Fresssack, der den Hals nicht voll genug kriegen konnte. Mittlerweile ist erwiesen, dass Übergewicht zu einem ganz großen

Teil genetisch bedingt ist. Wer übergewichtige Vorfahren hat, wird es selbst mit dem Schlank sein schwerer haben als diejenigen, die nur Störche und Spargelstangen in ihrem Stammbuch führen.
Dabei ist es der langsamere Stoffwechsel, der für die Röllchen um den Bauch herum sorgt. Dazu kommt, dass Dicke einfach mehr Appetit haben (auch Appetit ist Vererbungssache) und lieber essen als Dünne. Es gibt Menschen, die vergessen einfach zu essen. Einem Dicken passiert so etwas nun mal nicht. Gegen die Gene sind wir zwar nicht völlig machtlos, aber sie sind ein ordentliches Päckchen, das wir zu tragen haben.
Ein weiterer Parameter ist die Reaktion auf verschiedene Nahrungsmittel. Es gibt Nahrungsmittel, die uns mehr zusetzen (im wahrsten Sinne des Wortes) als andere. Dagegen hilft nur eines: Herausfinden, welche Nahrungsmittel uns satt und zufrieden und welche uns einfach nur dick machen.
Auch die Tageszeit, zu der wir essen, entscheidet mit über unsere Fülle: Wer abends große Portionen isst, hat in aller Regel mehr Probleme mit Übergewicht als jemand, der um 18:00 Uhr seine letzte Mahlzeit zu sich nimmt. Dennoch gibt es Menschen, die um zwei Uhr morgens noch üppige Fressorgien feiern können, ohne zuzunehmen. Das ist wiederum Genetik. Wie es bei Ihnen ist, müssen Sie testen.
Auch abends auf Kohlenhydrate zu verzichten und nur Gemüse, Salat und Fleisch oder Fisch zu essen macht für viele Menschen Sinn: Nachts schütten wir nämlich ein Fett verbrennendes Hormon aus, das nicht so richtig greifen kann, wenn wir Kohlenhydrate gegessen haben.
Wenn Sie zu den typischen guten Futterverwertern gehören, zu denen, die schon beim Hingucken zulegen, dann kombinieren Sie folgende Maßnahmen: Essen Sie konsequent LowFett 30 mit vielen Ballaststoffen. Essen Sie so oft es geht abends bis 18:00 Uhr Ihre letzte Mahlzeit für den Tag oder beschränken Sie sich auf ein (weitgehend) kohlenhydratfreies Abendessen.

LowFett 30 ist ausgewogen

Schon Paracelsus hat gesagt „die Dosis macht das Gift" ... und wenn sich das zu seinen Zeiten auf die Verwendung richtiger Gifte bezog, gilt dieser Satz heute ungleich mehr für unsere Nahrung: Zu viel ist ungesund – egal wovon ... die Kunst besteht darin, mit normalen Zutaten eine ausgewogene Mischung hinzukriegen.
Die Deutsche Gesellschaft für Ernährung empfiehlt, dass unsere tägliche Energie, die wir mit der Nahrung zuführen, zu 55 % aus Kohlenhydraten, zu ca. 15 % aus Eiweiß (Proteinen) und zu maximal 30 % aus Fett kommen soll.
Letzteres errechnet man so:

$$\frac{\text{Gramm Fett} \times 9 \text{ kcal} \times 100}{\text{Gesamtkalorien}} = \%\ \text{Fettkalorien}$$

Diese Berechnung ist nötig, weil Fett einen anderen Brennwert hat als Eiweiß oder Kohlenhydrate.

Grundlagen

Die Kalorien aus einem Nahrungsmittel setzen sich zusammen aus den Kalorien aus Kohlenhydraten, aus Eiweiß und aus Fett. Ein Gramm Kohlenhydrate und ein Gramm Eiweiß bringen es jeweils auf 4 kcal. Fett dagegen liefert 9 kcal pro Gramm ... mehr als doppelt so viel wie die beiden anderen Nahrungsgrundstoffe. Das liegt an der Funktion, für die Fett seit Beginn der Tierwelt (und wir gehören ja nun mal in diese Kategorie) gedacht ist: Fett ist ein Energiespeicher für knappe Zeiten, für Zeiten, wo kein Futter zu bekommen ist, als Überlebensration für den Winterschlaf. Fett ist zudem Isoliermaterial und schützt die Organe. Es ist unsere Speisekammer, aus deren Vorräten wir uns bedienen können, wenn es sonst nichts gibt.

Die Speisekammer sollte natürlich, wenn man sie am Körper trägt, nicht so voluminös sein, dass wir uns nicht mehr bewegen können: Deswegen hat Fett einen so hohen Brennwert bei so wenig Volumen. Wäre der Brennwert und das Volumen von Fett so wie bei Kohlenhydraten, würden wir ca. die 4-fache Menge herumschleppen müssen, denn Kohlenhydrate haben weniger als die Hälfte des Brennwertes im Vergleich zu Fett, bringen aber dafür mehr Volumen mit vor allem durch die Ballaststoffe, die mit Kohlenhydraten meist einhergehen.
Da man also die „Speisekammer" mit Fett am leichtesten füllen kann, liegt der Umkehrschluss nahe, genau hier anzusetzen, wenn man sie leeren möchte, sprich: Wenn wir abnehmen wollen.

Die Fettaufnahme verringern

Fettreduktion ist der erste Ansatz bei Bemühungen um Gewichtsabnahme (immer vorausgesetzt, Ihr Stoffwechsel funktioniert!) – denn weniger Fett spart deutlich mehr Kalorien als eine Verringerung von Kohlenhydraten oder Eiweiß. Zudem macht sich eine Fettreduktion geschmacklich auch nicht sonderlich bemerkbar. Schon eine geringfügige Reduktion von ca. 40 Gramm am Tag (das entspricht etwa einem Esslöffel Öl plus zwei Mal Butterbelag auf dem Brot) sorgt für eine tägliche Kalorienersparnis von 360 kcal. Für einen vergleichbaren Kalorienverlust müssten Sie ca. 45 Minuten joggen!

Nicht übertreiben! Ihr Körper braucht Fett

Sparen Sie Fett, aber sparen Sie mit Verstand! Ihr Körper benötigt auch Fett für den Fettstoffwechsel. Verzichten sollten Sie deswegen vor allem auf tierische Fette, also Butter, fetten Käse, fettes Fleisch, Wurst, Fettränder, Schweinekrusten, Eidotter, Schmand und Sahne ...

Achten Sie aber darauf, dass Sie dennoch jeden Tag zwei Esslöffel kaltgepresstes Öl (z. B. natives Olivenöl, Weizenkeimöl, Leinöl ...) oder naturbelassene Nüsse (Walnuss, Haselnuss, Mandel ...) und Sämereien (Leinsamen, Sonnenblumen, Sesam ...) zu sich nehmen. Diese Fettrationen sollten allerdings nicht erhitzt werden. Zudem sollten Sie mindestens zweimal in der Woche Seefisch essen, der dann auch ein bisschen fetter sein kann, wie z. B. Makrele, Hering oder Lachs.
Damit erhält Ihr Körper alle Fette, die er benötigt und die er nicht selbst bilden kann.

Ballaststoffe in Kohlenhydraten

Kohlenhydrate nennt man die gesamte große Gruppe der Glucoseketten, die von „Einfachzucker", einem einzigen Glucosebaustein (Traubenzucker) über „Di-Saccharide" (2 Glucosebausteine wie z. B. der Haushaltszucker) über Stärke (ab 18 Glucosebausteine wie in Mehl) bis hin zu komplexen (verschachtelten) Kohlenhydraten, den nicht verwertbaren, aber wertvollen Ballaststoffen, reichen.
Je länger diese Ketten sind, umso langsamer werden sie von Ihrem Körper in die Einzelbausteine bis zur für ihn verwertbaren Glucose zerteilt. Und je länger der Körper dafür braucht, umso schonender ist das für den Gesamtstoffwechsel. Das heißt: Je weniger reinen Zucker/Honig Sie verwenden umso besser. Das Umgekehrte gilt für ballaststoffreiches Obst, Gemüse und Vollwertmehle oder Flocken: Je mehr Sie davon in Ihre Ernährung einbauen, umso besser.

Neben der Schonung Ihres Organismus füllen Ballaststoffe länger Ihren Darm und halten deshalb auch länger satt. Außerdem „kratzen" die Ballaststoffe bei dem Weg durch Ihren Körper Schlackenstoffe aus Ihrem Darm – er wird also auf diese Weise gereinigt und gepflegt.
Falls Sie auf Vollkornmehle oder Flocken gelegentlich mit Blähungen oder Verstopfung reagiert haben, beginnen Sie mit kleinen ungezuckerten Mengen Vollkornprodukten (z. B. kleine Portion Müsli) und trinken Sie viel Wasser dazu. Ungezuckert deshalb, weil Zucker oder Honig schneller verdaut werden und dann der restliche Nahrungsbrei vor sich hinzugären beginnt. Das sorgt dann für Blähungen!

Entscheidend ist, aus welchen Grundbausteinen sich Ihre Nahrung zusammensetzt. Nehmen Sie von Vorurteilen Abschied und setzen Sie sich mit den einzelnen Nahrungsbausteinen auseinander.

Worin stecken Eiweiß, Kohlenhydrate, Fette

Eiweiß in

- Eiklar
- Fisch, Krustentiere
- Fleisch
- Milchprodukte
- Sojaprodukte
- Hülsenfrüchte

Kohlenhydrate in

- Zucker, Honig, Birnendicksaft und Co.
- Obst und Gemüse
- Getreide
- Nudeln, Reis
- Hülsenfrüchte

Fett in

- Eidotter
- Butter
- Margarine
- Öl
- Oliven, Avocado
- Samen und Nüsse
- Fettränder bei Fleisch und Wurst
- Sahne, Käse

Versteckte Fette

Sicher haben Sie schon den Begriff der „versteckten Fette" gehört. Diese finden sich ausschließlich in fertigen Lebensmitteln: Soßen, Delikatesssalate, Aufläufe, Pizzen, Wurst ... denn diese Produkte werden häufig (aber längst nicht immer) aus fettreichen Grundprodukten hergestellt, ohne dass man das sofort erkennen kann.
Unsere Nährwertetabelle, wie Sie sie auch in diesem Buch im Anhang finden, gibt hier Aufschluss.

Die 3 Regeln von LowFett 30

Wenn wir die Fettformel konsequent beachten, kommen wir mit drei einfachen Regeln aus:

1. Essen Sie, wenn Sie Hunger haben. Ihr Magen meldet sich? Gut! Zeit, etwas zu essen. Aber essen Sie erst, wenn Sie Hunger haben, nicht weil Sie Lust und Appetit auf dies und das entwickeln, nicht weil Sie gefrustet sind und nicht aus Langeweile. Das ist übrigens die schwierigste der drei Regeln, denn wer mit seinem Gewicht nicht zufrieden ist, kann meist Appetit von Hunger nicht mehr unterscheiden. Bevor Sie also einen Bissen in den Mund schieben, halten Sie kurz inne und fragen sich: Habe ich Hunger? Oder bin ich nur mal wieder „gefräßig", weil ich mich ärgere oder genervt und gefrustet bin?

2. Hören Sie auf, wenn Sie satt sind. Sie sollen sich satt essen. Aber überfressen Sie sich nicht, nur weil es lecker schmeckt. Weil da noch Reste von den Kindern auf dem Teller liegen, weil jemand Ihren Teller vollgeladen hat. Versuchen Sie, langsam zu essen ... auch wenn es schwer fällt. Auch den „Stop-Punkt" zu finden, ist schwer. Wer langsamer isst, findet ihn leichter ... und bevor Sie sich einen zweiten Teller nehmen, überlegen Sie kurz, ob Sie wirklich noch Hunger haben.

3. Alles, was Sie in den Mund schieben, soll LowFett 30 sein. Sie müssen die Prozentsätze übrigens nicht irgendwie addieren (geht rein rechnerisch gar nicht!); Sie müssen von jedem einzelnen Produkt die Kalorien und das Fett ermitteln, die Werte aller verwendeten Produkte addieren und dann das Ergebnis (Gesamtgramm Fett und Gesamtkalorien) in die Formel einsetzen. Die Nährwerte für unsere Rezepte werden genau so ermittelt. Deswegen können wir auch Schmand, Butter, Sahne und Öl verwenden, aber eben in einer Dosierung, die das Gesamtergebnis nicht über 30 % Fettkalorien schnellen lässt. Wenn es um Ihre selbst zusammengestellten Mahlzeiten geht – das gilt in besonderem Maße für Frühstück, Abendessen und Snacks – sollten Sie gerade am Anfang beim Einkaufen rigoros darauf achten, dass jedes Teil für sich schon LowFett 30 ist. Dann können Sie im Endergebnis ebenfalls nichts falsch machen. Seien Sie stur bei dieser Grenze. Wenn ein Produkt 30,01 % hat, lassen Sie es liegen. Je exakter Sie hier sind umso weniger geraten Sie in Gefahr, in den alten Schlendrian zu verfallen.

Überfordern Sie sich nicht

Versuchen Sie nicht, innerhalb weniger Wochen das Übergewicht, das sie über Jahre angesammelt haben, loszuwerden. Machen Sie sich keinen Stress. Bei Stress gibt der Körper keine Polster her! Versuchen Sie, mit Ihrer „Pelle" Frieden zu schließen. Pflegen und verwöhnen Sie sich. Stellen Sie IHRE Bedürfnisse in den Vordergrund – längst nicht nur die körperlichen. Machen Sie Entspannungsübungen, genießen Sie ein ausgedehntes Bad, gehen Sie zum Friseur oder hören Sie einfach nur mal in Ruhe eine halbe Stunde Musik.
Wer entspannter durchs Leben geht, ist auch nicht so anfällig für rumliegende Kekse und Schokolade. Ausgeglichenheit ist das beste Mittel gegen „Frust-Futtern".
Je sanfter Sie – abgesehen von den 3 Grundregeln – die Veränderungen vornehmen, also mit kleinen Dosen Bewegung anfangen, erst

einmal nur gelegentlich Vollwertbrot oder Müsli essen, den Gemüse- und Rohkost-Anteil langsam erhöhen etc. – umso weniger wird Ihr Körper protestieren und umso leichter wird er es Ihnen machen. Hau-Ruck-Methoden dagegen sorgen für Muskelkater, schlechte Laune, Frieren, Übelkeit, Müdigkeit, Fressgier und Kopfschmerzen. Das ist die Hand voll Mittel, die Ihrem Körper zur Verfügung stehen, um Sie zu bremsen. Egal, ob es nun das volle Gesundheitsprogramm ist, mit dem Sie sich selbst quälen oder die durchfeierten und durchzechten Nächte – Ihr Körper bringt Sie immer mit den gleichen Mitteln dazu, ein bisschen ruhiger zu treten.

Also, schön langsam Stück für Stück umstellen – und auch nur, wenn Sie sich nicht zu sehr damit quälen müssen. Mit kleinen Kompromissen hie und da ist jede Veränderung leichter zu bewältigen ... und so lange Sie nicht ständig und dauernd Kompromisse machen, funktioniert das wunderbar.

Das war jetzt ein kleiner Ausflug in die wesentlichen Grundlagen von LowFett 30. Wenn Sie weiterführende Informationen zum LowFett 30-Programm erfahren wollen, empfehlen wir Ihnen das Buch „Essen macht Spaß" (Goldmann Verlag, ISBN 978-3-442-16504-9), anhand dessen wir in einem Test der Zeitschrift Ökotest zu den vier besten Abnehmkonzepten gekürt wurden.
Hier finden Sie alle Tipps und Tricks, die Sie für eine Umsetzung benötigen, dazu 30 „lebende" Beispiele von Teilnehmern, die sehr erfolgreich mit LowFett 30 abgenommen haben, über 80 Rezepte und viele, viele Nährwerte!

So klappt es bestimmt

Neben den drei Regeln, die wir Ihnen vorgestellt haben, gibt es noch einige Dinge, die Sie in Ihrer Lebensführung berücksichtigen und bewerten sollten: In unserem Online-Abnehmprogramm für „Goldmember" unterstützen wir Sie bei der täglichen Buchführung, und bewerten auch Parameter wie Alkoholkonsum, Sport, Entspannung, Gemüsekonsum, Wasserkonsum und die Einhaltung von Regel Nr. 1. Mit Hilfe dieses Programms konnten schon viele erfolgreiche LowFett 30-Teilnehmer ihr Gewicht noch einmal drastisch reduzieren.
Auf unseren Internetseiten (www.lowfett.de) finden Sie außerdem noch unsere umfangreiche Online-Ernährungsanalyse, ein Selbstlernprogramm (damit es schon bald mit dem richtigen Einkaufen klappt) und ein sehr aktives User-Forum.

Seien Sie ehrlich zu sich selbst

Seit mehr als 10 Jahren gibt es das LowFett 30-Konzept. Und die Erfahrung zeigt uns: WIRKLICH ehrlich zu sich selbst zu sein, ist manchmal schwerer als man denkt. Die Frage, die nur Sie sich beantworten können ist die Frage, ob Sie wirklich abnehmen möchten. Wollen Sie tatsächlich etwas ändern?
Testen Sie das mal vor dem Spiegel: Ziehen Sie sich aus, stellen Sie sich vor einen großen Spiegel und schauen Sie sich ruhig und liebe-

voll an. Wollen Sie wirklich daran etwas ändern? Ist das, was Sie da sehen die Mühe wert, Nährwerte auszurechnen, anders zu kochen, anders einzukaufen?
Wer möchte eigentlich, dass Sie etwas an Ihrer Figur ändern? Sie selbst? Ihr Partner? Ihr Arbeitgeber? Nur wenn Sie selbst es wollen, werden Sie die Energie aufbringen, dann noch durchzuhalten, wenn es nicht mehr wie von alleine fluppt, wenn Sie Muskelkater bekommen, wenn Sie Fressattacken kriegen. Nur wenn Sie selbst wirklich etwas ändern möchten, dann werden Sie diese Hürden nehmen. Und wenn Sie jetzt vor diesem Spiegel feststellen, dass alles gar nicht so tragisch ist, dass Sie sich gefallen, dass Sie gesund sind und dass auch kein Arzt meckern kann, dass Sie zu dick sind und mit Ihrer Gesundheit spielen – dann bleiben Sie doch bitte so, wie Sie sind – akzeptieren Sie sich, lassen Sie die Finger von kurzfristigen Crashdiäten und achten Sie nur darauf, dass Sie sich ausgewogen und ohne Stress ernähren. Essen Sie dann einfach nur genügend Rohkost, Ballaststoffe und generell etwas weniger Fett. Das schadet nie!
Und alles andere – inklusive der Meinung der Leute, die in Ihrem Leben nicht wirklich zählen – lassen Sie einfach nicht an sich ran.
Wir wünschen Ihnen viel Erfolg dabei, das herauszufinden!

Starten Sie jetzt durch

Sie haben verschiedene Möglichkeiten, mit LowFett 30 zu beginnen; welche Sie vorziehen, hängt von Ihren persönlichen Vorlieben ab.

Das komplette Programm: LowFett 30-konkret

Für alle, die eindeutige Anleitungen benötigen, klare Vorgaben und einen Leitfaden, an dem sie sich orientieren können, ist das Abnehmprogramm zu empfehlen. Sie können das per Post/Brief/Telefon/E-Mail machen oder in einer Gruppe vor Ort. Die Gruppenorte erfahren Sie im Internet unter www.lowfett.de oder telefonisch unter 09 31/9 70 19 20.
Hier können Sie auch das Programm für Zuhause bestellen.

Der Alleingang

Auch hier gibt es zwei Möglichkeiten. Zum einen können Sie sich aus den über 20 Büchern, die es von uns gibt, die aussuchen, die thematisch am besten zu Ihnen passen. Und dann sollten Sie sich Zugang zum Internet verschaffen und sich auf unseren Seiten im FORUM anmelden. Hier trifft sich eine aktive und agile Community. Sie bekommen dort Unterstützung und Hilfe, und wenn Sie einmal ältere Beiträge durchforsten, finden Sie mit Sicherheit auf die meisten Fragen eine Antwort: www.lowfett.de. Hier gibt es auch die Möglichkeit, Gleichgesinnte „vor Ort" kennen zu lernen, mit denen man dann eben gemeinsam einkaufen oder sporteln geht. Wichtig ist, dass Sie aktiv werden, dass Sie die Ziele, die Sie – rein theoretisch – gerne erreichen würden, auch wirklich zu Ihren Zielen machen und den Wunsch in Taten umsetzen.

Kooperationen

Wir gehen auch Kooperationen mit anderen Unternehmen ein: Mit Betriebsrestaurants und Hotelketten, mit Reiseveranstaltern und Bäckereien, mit Lebensmittelproduzenten und Handelsunternehmen, Küchenstudios oder Krankenkassen. Falls Ihnen LowFett 30 in Ihrer Kantine fehlt, bei Ihrem Lebensmittelhändler oder Ihrer örtlichen Bäckerei, sprechen Sie diese einfach an. Erzählen Sie Ihren Ansprechpartnern von LowFett 30 und verweisen Sie auf die Kooperationsmöglichkeiten ... denn Nachfrage ist eben immer noch der sicherste Weg, seinen eigenen Interessen auf den Weg zu helfen.

Die LowFett 30 Backtipps

Fettarm backen, kein Problem

Falls Sie schon zu denen gehören, die gerne backen, werden Sie auch mit unseren Rezepten keine Schwierigkeiten haben. Es gibt drei Dinge, mit denen Sie sich das Backen generell erheblich vereinfachen.

- die richtigen Zutaten
- eine vernünftige Ausrüstung
- und das Wissen um ein paar Tricks und Kniffe, die man sich über die Jahre so aneignet.

Die richtigen Zutaten

Wir verwenden alle handelsüblichen Zutaten, ob das nun Halbfettmargarine ist, Eier, Mehl, Zucker, Trockenobst oder frisches Obst. Sie können selbst entscheiden, ob Sie statt weißen Mehls lieber Vollkornmehle verwenden. Bitte beachten Sie aber, dass Vollkornmehle mehr Backtreibmittel benötigen als weißes Mehl, weil Vollkornmehl durch die enthaltenen Ballaststoffe einfach schwerer ist. Der Vorteil ist, dass Vollkornmehle saftigere Kuchen liefern und auch ein bisschen kompaktere.

Backtreibmittel
Backtreibmittel sind Hefe und Sauerteige, konventionelles Backpulver, Natron oder Weinstein-Backpulver. Auch bestimmte Zubereitungsarten minimieren das Risiko, dass ein Teig „sitzen" bleibt:
Trennen Sie Eiweiß und Eigelb immer und schlagen Sie das Eiweiß steif. Es wird am Schluss unter den Teig gehoben. Eigelb dagegen sollten Sie stets so lange mit dem Zucker verrühren, bis aus der Masse eine weiß-gelbe Creme entstanden ist (nach ca. 3 bis 5 Minuten). Das verbessert das Ergebnis ebenfalls. Verwenden Sie Backformen mit guter Wärmeleitfähigkeit. Bei Vollwert-Rührkuchen empfehlen wir kleine Backformen (nicht zu hoch füllen!!!) oder Muffinsförmchen. Die Hitze kommt so besser an den Teig, er geht besser auf und der Teig backt schnell und gleichmäßig durch.

Mehl
Wir verwenden in unseren Rezepten bevorzugt backstarke Markenmehle der Typklasse 405. Für Obstkuchen (zum anschließenden Belegen) eignet sich besonders Buchweizenmehl frisch aus dem Bioladen. Es verleiht dem Kuchen eine herrlich „nussige" Note und macht ihn wunderbar saftig. Beim Kauf von Vollwertmehlen sollten Sie Ihren Bioladen bemühen, die Mehle dort frisch mahlen lassen und sofort komplett verwenden.

Obst und Trockenfrüchte
Äpfel: Verwenden Sie feste, säuerliche Sorten. Besonders gut eignen sich Elstar, Boskop und Cox Orange. Auch der Braeburn kommt in Frage. Weniger geeignet sind Granny Smith oder Golden Delicious, weil sie einfach nicht genügend Geschmack und Säure mitbringen.
Birnen: Auch hier feste Sorten verwenden.
Pflaumen/Zwetschgen: Pflaumen (Kennzeichen: Der Stein geht schlecht raus!) sind für Kuchen ziemlich ungeeignet, weil sie nur zerkochen und meist recht sauer werden. Zwetschgen dagegen ergeben wunderbare Ergebnisse, vor allem dann, wenn Sie den Zucker (z. B. beim Zwetschgendatschi) erst nach dem Backen aufstreuen. Zucker zieht nämlich Wasser – das Ergebnis sind matschi-

ge Früchte, und wenn Sie Pech haben, ein mit einer schwarzen Kruste verbackener Ofen. Obstkuchen generell nicht zu heiß backen – sonst verbrennt das Obst.
Pfirsiche und Ananas nehmen wir der Einfachheit halber aus der Dose.
Trockenobst (Rosinen, getrocknete Aprikosen & Co.) vertragen es gut, wenn man sie vor dem Backen in Wasser quellen lässt. „Rumrosinen" lassen sich übrigens leicht selber machen (dem Wasser Rum beigeben) ... wenn Sie aber Kinder haben, sollten Sie Rum-Aroma vorziehen.

Fette, Eier, Milch

Margarine/Butter: Wir verwenden viel Halbfettmargarine (zum Backen in aller Regel kein Problem) und ersetzen häufig einen Teil des Fettes durch fettarmen Joghurt oder durch Quark mit Wasser. Das macht den Kuchen ebenfalls schön saftig und spart Fett. Der Trick funktioniert übrigens auch bei vielen Backmischungen: Wenn Sie konventionelle Backmischungen nehmen (z. B. Kirschlikuchen oder Zitronenkuchen von Dr. Oetker) und das Fett, das Sie zugeben müssten, durch Joghurt und einen Esslöffel Grieß ersetzen, ergibt das einen tollen Kuchen. Wichtig: Reduzieren Sie beim Backen die Temperatur um 20 °C und verlängern Sie einfach ein bisschen die Backzeit. Sonst wird der Kuchen zu braun.
Wenn wir von Milch sprechen, meinen wir immer 1,5 %ige, also fettarme Milch.
Eier entsprechen der früheren Gewichtsklasse 4, die heute die Bezeichnung M trägt.

Liste der wichtigsten Backzutaten

- Mehl (verschiedene Sorten)
- Grieß
- Backtreibmittel (z. B. Weinstein, Backpulver, Natron)
- Hefe (Trockenhefe hält lange)
- Sauerteig-Mischung (gibt es trocken, toll für Roggenbrot)
- Salz
- Zucker
- Vanillezucker
- Ihre Lieblingsgewürze (Zimt, Kardamom, Vanille ...)
- Kakao
- Puddingpulver
- Tortenguss rot und weiß
- Gelatine
- Aromen (als Ampullen oder geriebene Zitronen- und Orangenschale)
- Rosinen

- div. Nüsse und Mandeln
- Obst Dose/Glas
- für Brote noch herzhafte Gewürze (z. B. Kümmel, getrocknete Zwiebeln, Knoblauchpulver ...)

Damit können Sie von Kuchen über Brot, Brötchen und Pitta nahezu schon alles backen.

Die richtige Ausrüstung

Ohne Mixer ist Backen wirklich eine ziemliche Plackerei. Noch einfacher wird es mit einer leistungsstarken Küchenmaschine. Aber Vorsicht: Ein hoher Preis und ein tolles Design sind noch kein Garant für eine praktische Küchenmaschine. Versuchen Sie die Maschine zu testen (vielleicht hat eine Freundin eine). Wenn Ihnen das Mehl bei Stufe 10 über die Ränder der Schüssel fliegt und sie ohne akrobatische Verrenkungen nicht mal mehr 100 ml Flüssigkeit zum Teig gießen können, ist ein anderes Modell vielleicht besser.
Leider sind die heutigen Küchenmaschinen nicht mehr von der Qualität wie das noch bei unseren Müttern der Fall war. Mit „Fuzzi-Logic" und ähnlichen Spielereien wird Ihr Kuchen leider nicht besser, das Ding hat nur noch 3 Ecken mehr, an denen es kaputt gehen kann. Also: Küchenmaschine ausprobieren, nicht zu viel Schnickschnack bezüglich Elektronik auswählen und vorher mal ein bisschen rumfragen.

Backformen
Die können eigentlich nicht gut genug sein. Weißblech-Formen können Sie glatt vergessen. Da pappt alles nur an. Und wenn Sie Pech haben, setzt die Form nach ein paar Mal Backen Rost an.
Schwere Backformen, dick emailliert, ziehen wir dünneren Formen vor: Sie brauchen zwar mehr Energie, bis sie mal heiß sind, geben dafür aber die Hitze so gleichmäßig ab, dass das Backergebnis hervorragend wird.
Die Silikonformen, die man im Handel findet, sind zwar sehr nett und praktisch, weil man sie auch falten und in eine Ecke knuddeln kann, aber sie haben zwei Nachteile, die man beachten muss: Da die Formen flexibel sind, sind weiche Teige ein Balanceakt bis sie im Ofen stehen und Sie können nichts darin schneiden oder mit einem spitzen Gegenstand herausholen.
Keramik-Backformen dagegen haben so lange Backzeiten, dass wir sie ungern verwenden. Sie taugen besser als Deko.

Einfetten

Filigrane Formen wie Obsttortenböden mit „Zackenrand", gebackene Bärchen und andere kunstvolle Formen verschlingen Unmengen an Fett ... außer ... man sprüht sie mit Backspray ein! Das ist fantastisch: Einfach kurz mal drübersprühen und selbst das raffinierte Dekoelement eines Kuchens bleibt erhalten. Der Kuchen fällt einem förmlich beim Stürzen entgegen. Falls Sie im normalen Handel kein Backspray bekommen können, bestellen Sie es einfach bei uns im online-Shop unter www.lowfett.de. Ganz ohne Fett geht es mit unserer Dauer-Brat- und Backfolie, die wir in Springformen legen oder unter Obstkuchen. Sie lässt sich bis zu 1.000-mal wiederverwenden, in der Spülmaschine reinigen. Nur darauf schneiden sollte man nicht.

Messer, Quirle, Rührgeräte

Egal was Sie in Ihrer Küche zubereiten: Scharfe Küchenmesser und so kleine Helfer wie „Apfelstecher", Julienne-Reißer oder verschiedenste Formen von Schneebesen kann man nie genug haben. Wieso fast alle Haushalte mit einer Reihe riesiger, teurer und stumpfer Messer ausgestattet sind, wogegen ein kleines, scharfes Haushaltsmesser (mit und ohne Zacken) nur zwei Euro kostet wird uns ein ewiges Rätsel bleiben.

Liste der wichtigsten Backzubehörteile

- Teigschaber (verschiedene Größen, mindestens einer davon starr für schwere Teige und mindestens ein flexibler für weiche Teige)
- Schneebesen (ein offener mit Kugeln an den Enden der Stäbe – und ein normaler mit geschlossenen Bogen)
- verschiedene Messer
- Backspray
- verschiedene Backformen
- Einmal-Backpapier für Blechkuchen
- Küchenwaage
- Küchenbretter
- Handrührgerät
- Teigroller
- und die Küchenmaschine

Noch ein paar Tipps zum Schluss

- Vorsicht bei den Temperaturen – gerade bei Kuchen, den Sie mit Joghurt zubereiten statt mit Fett, wird der Kuchen schnell zu braun.
- Geben Sie genügend Backpulver zu ... denn LowFett 30-Kuchen bleiben leider bei bestimmten Witterungsbedingungen leichter sitzen. Wenn Sie sicher gehen wollen, geben Sie Backpulver oder Natron zu.
- Backen Sie kleine Kuchen ... die halten länger frisch und Sie kommen nicht in die Versuchung mehr zu essen als Sie Hunger haben. Kleine Kuchen können Sie auch sehr gut einfrieren.
- Freunden Sie sich mal mit Muffins an: Die kann man wunderbar tiefkühlen und als kleines Eisklötzchen mit ins Büro nehmen. Um 11:00 Uhr, zur 3. Tasse Morgenkaffee, sind sie ein wunderbares leckeres Häppchen.

Hinweise zu den Rezepten

Zubereitungszeit

Hier steht die Zeit, die Sie benötigen, um das ganze Gericht zuzubereiten. Sollten dabei längere Zeitspannen auftreten, in denen Sie nichts zu tun haben, so haben wir diese gesondert als Back-, Quell-, Kühlzeit usw. aufgeführt.

Kalorien- und Nährwertangaben

Sie beziehen sich immer auf eine Portion des Gerichts. Die Prozentangabe steht für Fettkalorienprozent.
Bitte beachten Sie, dass Nährwertangaben je nach Datengrundlage variieren können. Außerdem unterliegen die Inhaltsstoffe ein und desselben Lebensmittels natürlichen Schwankungen. Unsere Angaben sind deshalb als Durchschnittswerte anzusehen.

Zutatenmengen

Wenn nicht anders angegeben, gehen wir bei Obst und Gemüse von ungeputzter Rohware aus. Bei Stückangaben (z. B. Zucchini, Paprikaschote, Brotscheiben) beziehen wir uns auf ein Stück mittlerer Größe.

Backofentemperaturen

Sie beziehen sich auf den Elektroherd mit Ober- und Unterhitze. Wenn Sie mit Umluft arbeiten, reduzieren Sie die Temperaturen um 20 %. Die Backzeit bleibt gleich. Haben Sie einen Gasofen, richten Sie sich bitte nach den Herstellerangaben.

Die Abkürzungen

TL	=	Teelöffel (gestrichen)
EL	=	Esslöffel (gestrichen)
Msp.	=	Messerspitze
g	=	Gramm (1000 g = 1 kg)
kg	=	Kilogramm
ml	=	Milliliter (1000 ml = 1 l)
l	=	Liter
kcal	=	Kilokalorien (oder einfach: Kalorien)
KH	=	Kohlenhydrate
F. i. Tr.	=	Fett in der Trockenmasse
ca.	=	circa
°C	=	Grad Celsius
TK	=	Tiefkühl
Ø	=	Durchmesser
F.	=	Fett
gem.	=	gemahlen
geh.	=	gehäuft
abger.	=	abgerieben

Auch zum Frühstück sehr lecker

Wenn morgens der feine Backduft aus der Küche dringt, ist das die perfekte Einladung, es sich mit Kaffee, Zeitung und dem leckeren Frühstück im Bett gemütlich zu machen. Clevere Morgenmuffel machen sich einfach während der Woche die Arbeit und backen ihre kleinen Frühstücks-köstlichkeiten nur noch mal kurz auf.

Früchtebrot

Für 1 Brot (20 Scheiben) • Zubereitungszeit: ca. 1 1/2 Stunden • Gehzeit: ca. 1 1/4 Stunden • Backzeit: ca. 1 1/4 Stunden.
Pro Scheibe ca. 240 kcal • 28 g KH • 7 g Fett • 26 % Fettkalorien

60 ml Milch (1,5 % Fett)
1 Würfel frische Hefe
100 g Zucker
125 g getrocknete Birnen
125 g getrocknete Aprikosen
50 g getrocknete Pflaumen
50 g Belegkirschen
100 g Orangeat
75 g Walnusskerne
100 g Butter
500 g Mehl
1 Prise Salz
1 Päckchen Orangeback
1 TL Lebkuchengewürz
100 g Rosinen
1 Eigelb
2 EL Milch

1. Die Milch erwärmen und die Hefe mit 1/2 TL Zucker darin auflösen. 15 Minuten an einem warmen Ort stehen lassen.

2. Die Birnen, die Aprikosen, die Pflaumen und die Belegkirschen in kleine Stücke schneiden. Orangeat fein würfeln, Walnusskerne hacken.

3. Die Butter zerlassen und abkühlen lassen. Das Mehl in eine Rührschüssel sieben. Den restlichen Zucker, eine Prise Salz, die zerlassene Butter, das Orangeback, das Lebkuchengewürz und den Hefeansatz dazugeben und mit den Knethaken des Handrührgerätes auf höchster Stufe 5 Minuten durchkneten.

4. Die Früchte, die Nüsse, die Rosinen und das Orangeat darunter mengen. Den Teig zudecken und an einem warmen Ort 30 Minuten gehen lassen.

5. Den Teig auf der bemehlten Arbeitsfläche zu einem Brot formen und auf ein mit Backpapier ausgelegtes Blech setzen. Nochmals zugedeckt 30 Minuten gehen lassen.

6. Den Backofen auf 180 °C vorheizen. Das Eigelb mit der Milch verrühren und das Früchtebrot damit einstreichen. Das Brot auf der zweiten Schiene von unten etwa 1 1/4 Stunden backen.

Auch zum Frühstück sehr lecker

Hutzelbrot

Für 1 Brot (15 Scheiben) • Zubereitungszeit: ca. 1 3/4 Stunden • Einweichzeit: über Nacht
Gehzeit: ca. 45 Minuten • Backzeit: ca. 35 Minuten
Pro Scheibe ca. 200 kcal • 23 g KH • 4 g Fett • 18 % Fettkalorien

100 g getrocknete Birnen

80 g getrocknete, entsteinte Pflaumen

10 g Hefe

10 g Zucker

430 g Mehl

80 g Haselnüsse

100 g getrocknete Feigen

80 g Rosinen

1 EL Kirschwasser

10 g Zitronat

1/2 TL gemahlener Zimt

1/2 TL gemahlene Nelken

1/2 TL gemahlener Fenchel

1/2 TL gemahlener Anis

1 TL Stärkemehl

10 Mandelhälften

1. Die Birnen in einen kleinen Topf geben, mit Wasser bedecken und etwa 15 Minuten kochen lassen, dann zusammen mit dem Kochwasser über die Pflaumen gießen und über Nacht einweichen lassen.

2. Das Einweichwasser abgießen und auffangen. Die Hefe mit etwas Zucker und etwas Einweichwasser verrühren. An einem warmen Ort etwa 15 Minuten gehen lassen, bis die Hefe beginnt leicht Blasen zu schlagen. Das Mehl, den restlichen Zucker, etwas Einweichwasser und die Hefe gut verkneten.

3. Die Nüsse, die Feigen, die gewaschenen Rosinen, die eingeweichten Birnen und die Pflaumen sowie das Kirschwasser, das gewürfelte Zitronat und die Gewürze dazugeben und unter den Teig kneten.

4. Einen Laib aus dem Teig formen und auf ein mit Backtrennpapier ausgelegtes Blech legen. Mit einem Stofftuch bedecken und an einem warmen Ort etwa 30 Minuten gehen lassen. Im vorgeheizten Backofen bei 200 °C auf der mittleren Schiene etwa 35 Minuten backen.

5. Das restliche Einweichwasser mit dem Stärkemehl verrühren, kurz aufkochen lassen. Das heiße Hutzelbrot mit der Masse bestreichen und zum Schluss mit den Mandelhälften garnieren.

Auch zum Frühstück sehr lecker

Backpflaumenkuchen

Für 12 Stück • Zubereitungszeit: ca. 20 Minuten • Backzeit: ca. 1 Stunde
Pro Stück ca. 225 kcal • 36 g KH • 4 g Fett • 16 % Fettkalorien

250 g Mehl
200 g Zucker
4 Eier
750 ml Milch (1,5 % F.)
1 EL Rum
12 weiche Trockenpflaumen
50 g kernlose, kleine Trauben
1 EL Butter

1. Das Mehl (bei Verwendung von Backpulver mit diesem vermischt) und den Zucker in eine Schüssel geben, nach und nach die Eier dazugeben und alles gut verrühren. Die Milch und den Rum unterrühren.

2. Die Backpflaumen in kleine Stücke schneiden und zusammen mit den Trauben unter den Teig heben.

3. Den Boden einer Springform von 26 cm Ø mit Backtrennpapier bespannen, den Rand mit Butter einreiben.

4. Die Teigmasse einfüllen und den Kuchen im vorgeheizten Backofen auf der mittleren Schiene bei 160 °C 1 Stunde backen.

Hutzelbrot

Rosinenbrötchen

Für 10 Stück • Zubereitungszeit: ca. 20 Minuten • Ruhezeit: ca. 1 Stunde • Backzeit: ca. 15 Minuten
Pro Stück ca. 290 kcal • 47 g KH • 7 g Fett • 21% Fettkalorien

150 g Rosinen
2 EL Rum
200 g Weizenvollkornmehl
300 g Weizenmehl Type 1050
1 Päckchen Trockenhefe
¼ l lauwarme Milch (1,5 % F.)
75 g zerlassene Margarine
1 ½ – 2 EL Zucker
1 Päckchen Vanillezucker
1 Prise Salz
etwas Mehl für die Arbeitsfläche

1. Die Rosinen waschen und in Rum einlegen. Alle anderen Zutaten miteinander vermischen. Milch und Margarine hinzufügen und alles mit den Knethaken des Handrührgeräts zu einem glatten Teig verkneten.

2. Den Teig auf einer bemehlten Arbeitsfläche mit den Händen etwa 10 Minuten kneten, bis er geschmeidig ist. Zuletzt die Rosinen einarbeiten.

3. Den Teig in eine Schüssel legen und zugedeckt an einem warmen Ort etwa 30 Minuten gehen lassen, bis er sein Volumen verdoppelt hat.

4. Den Teig nochmals kurz durchkneten, dann in 10 gleich große Portionen teilen und diese zu Kugeln formen. Die Teigkugeln auf ein mit Backpapier belegtes Backblech setzen und etwas platt drücken. Nochmals etwa 30 Minuten gehen lassen.

5. Den Backofen auf 200 °C vorheizen. Die Rosinenbrötchen im heißen Ofen auf der mittleren Schiene etwa 15 Minuten goldgelb backen.

Tipp Die Rosinenbrötchen kann man mit Quark und Marmelade bestreichen und zum Frühstück essen, ebenso kann man sie gut ins Büro mitnehmen.

Achtung Rosinenbrötchen vom Bäcker sind nicht in jedem Fall LowFett 30! In vielen Hefeteigen wird Butter oder Margarine eingearbeitet – das Ergebnis: zu fett. Fragen Sie Ihrem Bäcker notfalls ein Loch in den Bauch, ob da WIRKLICH kein Fett drin ist!

Auch zum Frühstück sehr lecker

Bagels mit Schinkencreme

Für 7 Stück • Zubereitungszeit: ca. 30 Minuten • Ruhezeit: ca. 1,5 Stunden • Backzeit: ca. 15 Minuten
Pro Stück ca. 240 kcal • 27 g KH • 6 g Fett • 23 % Fettkalorien

Für die Bagels:

1/2 Päckchen Trockenhefe

30 ml Öl

1 1/2 TL Salz

275 g Mehl

1 Ei

Für die Schinkencreme:

7 Scheiben gekochter Schinken (3 % F.)

500 g Quark (0,2 % F.)

Pfeffer aus der Mühle

Paprikapulver, edelsüß

1/2 Salatgurke

1. Die Hefe in einer großen Schüssel in ca. 100 ml warmem Wasser verrühren, 5 Minuten stehen lassen.

2. Öl, 1 TL Salz und die Hälfte des Mehls zugeben und mit dem Mixer verrühren, 30 Minuten ruhen lassen. Das restliche Mehl einrühren und den Teig auf einer bemehlten Arbeitsfläche gut verkneten. Wenn der Teig klebt, noch Mehl hinzugeben.

3. Den Teig in eine mit Öl ausgefettete Schüssel legen und an einem warmen Ort ca. 1 Stunde gehen lassen, bis sich der Teig etwa verdoppelt hat.

4. Aus je 2 EL Teig eine Kugel formen, mit dem Finger ein Loch in die Mitte bohren.

5. In einem großen Topf ca. 2 Liter Wasser mit dem restlichen Salz zum Kochen bringen und die Bagels vorsichtig von jeder Seite ca. 2 Minuten pochieren (kochen). Danach auf ein Backblech legen.

6. Das Ei mit etwas Wasser mischen und die Bagels damit bestreichen, dann bei 230 °C auf mittlerer Schiene ca. 15 Minuten backen.

7. Den Schinken in grobe Würfel schneiden, mit dem Quark pürieren und mit den Gewürzen abschmecken. Die Gurke waschen und in Scheiben schneiden.

8. Die aufgeschnittenen Bagels mit der Schinkencreme bestreichen, mit der Gurke belegen und die zweite Bagelhälfte auflegen.

Auch zum Frühstück sehr lecker

Brioches

Für 20 Stück • Zubereitungszeit: ca. 30 Minuten • Gehzeit: ca. 2 1/2 Stunden • Backzeit: ca. 20 Minuten
Pro Stück ca. 140 kcal • 22 g KH • 3 g Fett • 19% Fettkalorien

125 ml Milch (1,5% F.)
30 g Hefe
500 g Mehl
60 g Zucker
3 Eier
50 g Butter
1 Päckchen Citroback
150 g Joghurt (1,5% F.)

1. Die Milch leicht erwärmen und die Hefe darin auflösen. Nun 1/3 des Mehls zusammen mit dem Zucker, 3 Eiweiß, 2 Eigelb, der Butter und Hefemilch verrühren. Den Teig 1/2 Stunde an einem warmen Ort zugedeckt stehen lassen.

2. Den Teig mit dem restlichen Mehl, Citroback und Joghurt (zimmerwarm!) gut verkneten und nochmals 2 Stunden gehen lassen. Den Backofen auf 180 °C vorheizen. Ein Blech mit Backpapier auslegen.

3. Aus dem Teig 20 gleich große Kugeln formen, auf das Backblech legen und mit dem restlichen Eigelb bestreichen. Den Teig nochmals kurz gehen lassen, dann auf mittlerer Schiene 20 Minuten backen.

Bayrisches Apfelbrot

Für 20 Stück • Zubereitungszeit: ca. 30 Minuten
Backzeit: ca. 45 Minuten • Zeit zum Durchziehen: 1 1/2 Tage
Pro Stück ca. 300 kcal • 58 g KH • 5 g Fett • 15% Fettkalorien

250 g Rosinen
20 g Cognac
750 g Äpfel
180 g Zucker
750 g getrocknete Feigen
1 TL Backpulver
500 g Vollkornmehl
125 g Haselnüsse
12 g Kakao
1 TL Zimt
1 TL Nelken

1. Die Rosinen mit einer Tasse Wasser und dem Cognac übergießen und abgedeckt über Nacht durchziehen lassen.

2. Die Äpfel waschen, schälen, entkernen und raspeln. Den Zucker über die Äpfel geben und vermischen.

3. Die Feigen in kleine Stücke schneiden. Den Backofen auf 220 °C vorheizen. Eine Kastenform (Länge 22 cm) mit Backpapier auslegen.

4. Die Rosinen mit der Einweichflüssigkeit in die Rührschüssel der Küchenmaschine geben, Äpfel und Feigen dazugeben und kräftig durchrühren.

5. Das mit Backpulver vermischte Mehl, die Nüsse und Gewürze zugeben und untermengen, bis ein fester Teig entstanden ist.

6. Den Teig in die Kastenform füllen und auf mittlerer Schiene backen. Nach 30 Minuten die Backform mit Backpapier abdecken, damit der Kuchen nicht verbrennt.

7. Das noch warme Apfelbrot nach dem Backen in Alufolie einpacken und im Kühlschrank mindestens einen Tag ziehen lassen.

Tipp Probieren Sie das Brot mal dick mit Magerquark und Apfelmus bestrichen.

Auch zum
Frühstück
sehr lecker

Italienischer Quarkkuchen

Für 12 Stück • Zubereitungszeit: ca. 30 Minuten • Backzeit: ca. 30 Minuten
Pro Stück ca. 145 kcal • 23 g KH • 3 g Fett • 16 % Fettkalorien

50 g Sultaninen

100 g gemischte kandierte Früchte

500 g Magerquark

100 g Zucker

1 Päckchen Citroback

4 Eier

60 g Mehl

1 TL Butter

1 EL Paniermehl

1. Die Sultaninen waschen und in Wasser einweichen. Die kandierten Früchte in kleine Würfel schneiden.

2. Den Quark sorgfältig mit Zucker und Citroback verrühren. Die Eier trennen. Die 4 Eigelbe nacheinander einrühren.

3. Die Sultaninen abtropfen lassen, das Mehl zu der Quarkcreme rühren. Die Früchtewürfel und die Sultaninen ebenfalls unterrühren. Die Hälfte des Eiweiß zu steifem Schnee schlagen und unter die Masse ziehen.

4. Den Boden einer Springform von 26 cm Ø mit Backtrennpapier bespannen, den Rand mit der Butter einreiben und mit Paniermehl bestreuen. Die Quarkmasse einfüllen.

5. Im vorgeheizten Backofen bei 160 °C etwa 30 Minuten backen lassen. Den Kuchen in der Form abkühlen lassen, vorher den Rand mit einem Messer lösen.

Auch zum Frühstück sehr lecker

Vanillestangerl

Vanillestangerl

Für 55 Stück • Zubereitungszeit: ca. 30 Minuten • Ruhezeit: ca. 2 Stunden • Backzeit: ca. 10 Minuten
Pro Stück ca. 25 kcal • 6 g KH • 1 g Fett • 18 % Fettkalorien

140 g Zucker
2 Päckchen Vanillezucker
Salz
4 Eigelb
1 Ei
120 g Speisestärke
1 Päckchen Vanille-Puddingpulver

1. Den Zucker, den Vanillezucker, das Salz, die Eigelbe und das Ei cremig rühren. Die Speisestärke und das Puddingpulver dazugeben. Alles zu einem glatten Teig verrühren und 2 Stunden ruhen lassen.

2. Den Teig in einen Spritzbeutel mit kleiner Lochtülle füllen. Auf ein mit Backtrennpapier ausgelegtes Backblech etwa 5 cm lange Teigstreifen spritzen.

3. Im vorgeheizten Backofen bei 175 °C auf der zweiten Einschubleiste von unten etwa 10 Minuten backen. Die Stangerl mit dem Papier vom Blech ziehen und abkühlen lassen.

Tipp Wer mag, kann die Stangerl mit einem Guss aus 50 g Vollmilchkuvertüre verzieren. Ist immer noch LowFett 30.

Honigkuchen

Für 50 Stück • Zubereitungszeit: ca. 30 Minuten • Backzeit: ca. 30 Minuten
Pro Stück ca. 110 kcal • 20 g KH • 3 g Fett • 21 % Fettkalorien

350 g Honig
200 g Halbfettmargarine
120 g feiner Zucker
2 Eier
1 EL Lebkuchengewürz
1 Päckchen Orangeback
2 TL gemahlener Zimt
500 g Weizenmehl
1 Päckchen Backpulver
1 EL Kakao
100 ml Milch (1,5% F.)
150 g gewürfeltes Zitronat
150 g gewürfeltes Orangeat
25 g Belegkirschen
50 g Mandelstifte
1 Eiweiß
1 EL Wasser

1. Den Honig und die Margarine in einem Topf bei mäßiger Hitze mit dem Zucker schmelzen, in eine Rührschüssel geben und abkühlen lassen.

2. Eier, Lebkuchengewürz, Orangeback und Zimt mit den Besen eines Handrührgeräts auf höchster Stufe unter die abgekühlte Honigmasse rühren.

3. Das Mehl mit Backpulver und Kakao mischen, sieben und auf mittlerer Stufe zusammen mit der Milch unter die Honigmasse rühren. Zitronat und Orangeat unter den Teig heben.

4. Den Backofen auf 180 °C vorheizen. Ein Backblech mit Backtrennpapier auslegen und den Teig darauf verteilen.

5. Nun 5 x 5 cm große Quadrate auf dem Teig markieren und mit Belegkirschen und Mandelstiften garnieren.

6. Das Eiweiß mit Wasser verrühren und den Teig damit bestreichen. Auf der mittleren Schiene etwa 30 Minuten backen.

Tipp Wer Kalorien und Fett sparen möchte lässt die Mandelstifte einfach weg.

Auch zum Frühstück sehr lecker

Fürs kleine Kaffeekränzchen

Kaffee, Kakao und Tee – dazu Kuchen und Kekse ... zusammen mit den besten Freundinnen der Welt ist der Kaffeeklatsch eindeutig die schönste Tageszeit. Typisch weiblich ... unkompliziert und locker über dies und das zu plaudern, sich Rat zu holen oder liebevolle Tipps zu geben. Rezepte tauschen gehört übrigens auch dazu ... vielleicht ist ja das Richtige hier dabei!

Johannisbeerplätzchen

Für 30 Stück • Zubereitungszeit: ca. 1 Stunde • Kühlzeit: ca. 30 Minuten • Backzeit: ca. 20 Minuten
Pro Stück ca. 75 kcal • 14 g KH • 2 g Fett • 19 % Fettkalorien

250 g Mehl
2 TL Backpulver
125 g Zucker
1 Msp. Salz
1 Päckchen Citroback
1 Ei
100 g Halbfettmargarine
100 g Johannisbeergelee
50 g Puderzucker

1. Das Mehl mit dem Backpulver in eine Rührschüssel sieben. Zucker, Salz, Citroback, Ei und Margarine hinzufügen. Mit dem Knethaken des Handrührgerätes gut durcharbeiten. Dann mit der Hand zu einem glatten Teig verkneten. Den Teig für 30 Minuten kalt stellen.

2. Den Teig dünn auf der bemehlten Arbeitsfläche ausrollen. Mit einer runden Form (8 cm Ø) Plätzchen ausstechen. Die Hälfte der Plätzchen werden zu Deckeln und müssen durch eine kleinere Form (z. B. die Spritztülle) mit Löchern versehen werden.

3. Die Plätzchen auf zwei mit Backtrennpapier ausgelegte Backbleche setzen und im vorgeheizten Ofen auf der Mittelschiene nacheinander etwa 10 Minuten backen.

4. Die ungelochten Plätzchen mit Gelee bestreichen, die anderen als Deckel daraufsetzen. Mit Puderzucker bestäuben.

Stapelplätzchen

Für 30 Stück • Zubereitungszeit: ca. 45 Minuten • Kühlzeit: ca. 1 Stunde • Backzeit: ca. 10 Minuten
Pro Stück ca. 100 kcal • 15 g KH • 3 g Fett • 27 % Fettkalorien

125 g Magerquark
3 EL Walnussöl
1 Ei
100 g Zucker
1 EL Vanillezucker
1 Päckchen Orangeback
200 g Mehl
60 g Speisestärke
1 TL Backpulver
50 g gemahlene Mandeln
50 g gemahlene Pistazien
150 g Himbeerkonfitüre
50 g Puderzucker

1. Den abgetropften Quark mit Öl, Ei, Zucker, Vanillezucker und Orangeback verrühren. Mehl, Stärke, Backpulver, Mandeln und Pistazien dazugeben und alles miteinander verkneten. Eine Stunde kalt stellen.

2. Den Teig auf einer bemehlten Arbeitsfläche noch einmal durchkneten und etwa 3 mm dünn ausrollen. Plätzchen in drei verschiedenen Größen von 3 cm, 2 cm und 1 cm Ø ausstechen. Auf ein mit Backtrennpapier ausgelegtes Backblech legen und im vorgeheizten Backofen bei 175 °C etwa 10 Minuten goldgelb backen. Abkühlen lassen.

3. Die Konfitüre glatt rühren, die großen und die mittleren Plätzchen damit bestreichen, dabei einen Rand frei lassen, und alle Plätzchen zu Terrassen zusammensetzen. Konfitüre antrocknen lassen und mit Puderzucker bestäuben.

Zuckerplätzchen (o.), Stapelplätzchen (u.)

Zuckerplätzchen

Für 50 Stück • Zubereitungszeit: ca. 40 Minuten • Kühlzeit: ca. 1 Stunde • Backzeit: ca. 15 Minuten
Pro Stück ca. 35 kcal • 6 g KH • 1 g Fett • 26 % Fettkalorien

125 g Mehl
1/2 TL Backpulver
1 Päckchen Citroback
1 Vanilleschote
100 g Speisestärke
75 g Puderzucker
40 g Butter
1 Ei
2 EL Schmand
1 Eigelb
2 EL Kondensmilch (4 % F.)
3 EL Hagelzucker

1. Das Mehl mit dem Backpulver in eine Schüssel sieben, Citroback, ausgekratztes Vanillemark, Speisestärke und Puderzucker dazugeben.

2. Die Butter in kleinen Flöckchen daraufsetzen. Alles zusammen mit dem Ei und dem Schmand schnell zu einem Teig verkneten. Mindestens 1 Stunde kalt stellen.

3. Das Eigelb und die Kondensmilch verrühren und beiseite stellen. Den Mürbeteig auf einer bemehlten Arbeitsfläche etwa 3 mm dünn ausrollen. Mit einer Blumenform Plätzchen ausstechen.

4. Die Plätzchen auf ein mit Backpapier ausgelegtes Backblech setzen. Mit dem Eigelbguss bestreichen und mit Hagelzucker bestreuen. Im vorgeheizten Backofen bei 200 °C etwa 15 Minuten backen.

Aprikosenhäufchen

Für 40 Stück • Zubereitungszeit: ca. 35 Minuten • Backzeit: ca. 15 Minuten
Pro Stück ca. 50 kcal • 9 g KH • 2 g Fett • 27 % Fettkalorien

- 140 g getrocknete Aprikosen
- 4 EL Apricot Brandy
- 2 EL Öl
- 30 g Butter
- 100 g Zucker
- 1 Päckchen Vanillezucker
- 1 Ei
- 140 g Mehl
- 1/2 TL Natron
- Salz
- 1/2 TL gemahlener Zimt
- 2 geh. EL Weizenkeime
- 50 g Aprikosenkonfitüre

1. Die Aprikosen in etwa 1/2 cm große Würfel schneiden und in dem Brandy einweichen. Das Öl, die weiche Butter, den Zucker, den Vanillezucker und das Ei schaumig rühren.

2. Das Mehl, das Natron, das Salz, den Zimt und die Weizenkeime vermischen und unter die Buttermasse rühren. Die Konfitüre und 2/3 der Aprikosenwürfel unterrühren.

3. Ein Backblech mit Backtrennpapier auslegen, Backofen auf 175 °C vorheizen. Mit 2 Teelöffeln kleine Häufchen auf das Backblech setzen, dabei Abstand halten.

4. Die Häufchen mit den übrigen Aprikosenwürfeln bestreuen und etwa 15 Minuten goldbraun backen.

Orangenzungen

Orangenzungen

Für 50 Stück • Zubereitungszeit: ca. 30 Minuten • Ruhezeit: ca. 3 Stunden • Backzeit: ca. 15 Minuten
Pro Stück ca. 50 kcal • 11 g KH • 1 g Fett • 18 % Fettkalorien

4 Eier
2 Eigelb
300 g Zucker
1 Päckchen Vanillezucker
1 Päckchen Citroback
1 Päckchen Orangeback
75 g Orangeat
200 g Mehl

1. Die Eier, die Eigelbe, den Zucker und den Vanillezucker cremig rühren. Citro- und Orangeback dazugeben. Orangeat sehr fein würfeln und mit dem Mehl unterrühren.

2. Ein Backblech mit Trennpapier auslegen. Den Teig in einen Spritzbeutel füllen und längliche Zungen auf das Blech spritzen.

3. Die Plätzchen 3 Stunden ruhen lassen. Dann bei 180 °C etwa 15 Minuten backen.

Mohn-Pfirsich-Kranz

Für 16 Stück • Zubereitungszeit: ca. 35 Minuten • Backzeit: ca. 50 Minuten
Pro Stück ca. 211 kcal • 30 g KH • 6 g Fett • 26 % Fettkalorien

1 Apfel
1 EL Zitronensaft
4 Pfirsichhälften (Dose)
350 g Mehl
1 Päckchen Backpulver
150 g Zucker
1 Päckchen Vanillezucker
4 Eier
75 g Joghurt, 1,5 % F.
100 g Halbfettmargarine
150 ml Milch, 1,5 % F.
30 g Mohnsamen
2 EL Puderzucker

1. Den Apfel schälen, entkernen und grob raspeln, mit Zitronensaft beträufeln. Die Pfirsiche abtropfen lassen und in Spalten schneiden.

2. Mehl in eine Schüssel sieben, mit Backpulver, Zucker und Vanillezucker vermischen. Eier, Joghurt, Halbfettmargarine und Milch zugeben und alles mit dem Handrührgerät gut vermischen. Den Backofen auf 180 °C vorheizen.

3. Die Teigmenge halbieren, unter die eine Hälfte den geraspelten Apfel heben, unter die andere Hälfte den Mohn ziehen. Den Apfelteig in eine Springform mit Rohrbodeneinsatz (Ø 26 cm) füllen, Mohnteig darauf verstreichen und die Pfirsichspalten darauf verteilen. Den Kuchen in den Ofen schieben, etwa 50 Minuten backen.

4. Kuchen in der Form etwas abkühlen lassen, aus der Form lösen, auf einen Kuchenrost stürzen, erkalten lassen und vor dem Servieren mit Puderzucker bestäuben.

Schwarz-Weiß-Gebäck

Für 45 Stück • Zubereitungszeit: ca. 45 Minuten • Kühlzeit: ca. 30 Minuten • Backzeit: ca. 15 Minuten
Pro Stück ca. 50 kcal • 8 g KH • 3 g Fett • 28 % Fettkalorien

250 g Mehl
1 TL Backpulver
170 g Zucker
1 Päckchen Vanillezucker
2 EL Rum
1 Ei
1 Eiweiß
100 g Halbfettmargarine
1 EL Kakao
1 EL Milch

1. Das Mehl mit dem Backpulver in eine Schüssel sieben. In die Mitte eine Vertiefung drücken. 150 g Zucker, Vanillezucker, den Rum und das Ei in die Vertiefung geben.

2. Die kalte Margarine in Flöckchen auf das Mehl geben. Alles mit dem Knethaken des Handrührgerätes zu einem glatten Teig verarbeiten und 30 Minuten kalt stellen.

3. Den Kakao mit dem restlichen Zucker und der Milch verrühren. Unter die Hälfte des Teiges kneten. Den dunklen Teig zu einer Rolle formen, den hellen Teig ausrollen und um die dunkle Teigrolle legen. Die Rolle in etwa 4 mm dicke Scheiben schneiden.

4. Die Plätzchen auf ein mit Backtrennpapier ausgelegtes Blech setzen. Auf der mittleren Schiene bei 200 °C etwa 15 Minuten backen.

Schwarz-Weiß-Gebäck

Früchte-Gugelhupf

Für 20 Stück • Zubereitungszeit: ca. 20 Minuten • Backzeit: ca. 70 Minuten
Pro Stück ca. 254 kcal • 49 g KH • 5 g Fett • 17 % Fettkalorien

1 Glas Sauerkirschen (680 ml)
1 Dose Mandarin-Orangen (314 ml)
150 g Halbfettbutter
250 g Zucker
1 Päckchen Vanillezucker
500 g Mehl
1 Päckchen Backpulver
4 Eier
10 Tropfen Bittermandelöl
350 ml Buttermilch
1 EL Paniermehl
250 g Puderzucker
5–6 EL Zitronensaft

1. Das Obst abtropfen lassen. Fett, Zucker und Vanillezucker schaumig rühren. Den Backofen auf 180 °C vorheizen.

2. Das Mehl (bis auf 2 EL) mit dem Backpulver mischen und nach und nach, abwechselnd mit den Eiern, unterrühren. Buttermilch und Backöl zufügen und alles zu einem glatten Teig verarbeiten.

3. Die Kirschen in 1–2 EL Mehl wenden und mit den Mandarinen unter den Teig heben. Eine Gugelhupfform (ca. 2 l Inhalt) fetten, mit Paniermehl ausstreuen und den Teig einfüllen.

4. Den Kuchen etwa 70–80 Minuten backen. Auf einen Kuchenrost stürzen und vollständig auskühlen lassen. Puderzucker mit Zitronensaft glattrühren und den Kuchen mit dem Zuckerguss überziehen.

Gugelhupf mit Eierlikör

Gugelhupf mit Eierlikör

Für 16 Stück • Zubereitungszeit: ca. 20 Minuten • Backzeit: ca. 50 Minuten
Pro Stück ca. 215 kcal • 34 g KH • 6 g Fett • 26 % Fettkalorien

2 Eier
200 g Zucker
2 Päckchen Vanillezucker
150 g Halbfettmargarine
100 g Joghurt, 1,5 % F.
1/4 l Eierlikör
125 g Mehl
125 g Speisestärke
1 Päckchen Backpulver
1/2 TL Natron
2 Eiweiß
1 TL Sonnenblumenöl
2 EL Puderzucker

1. Den Backofen auf 175 °C vorheizen. Eier, Margarine, Zucker und Vanillezucker schaumig rühren.

2. Mehl, Speisestärke, Backpulver und Natron mischen und abwechselnd mit dem Joghurt und dem Eierlikör unter die Eimasse rühren.

3. Das Eiweiß steif schlagen und unter den Teig heben.

4. Eine Gugelhupfform mit dem Öl einfetten, den Teig einfüllen und etwa 50 Minuten backen. Stäbchenprobe machen.

5. Den Kuchen 10 Minuten in der Form auskühlen lassen und stürzen. Den völlig ausgekühlten Gugelhupf kurz vor dem Servieren mit dem Puderzucker bestäuben.

Makronen mit Kokos

Für 40 Stück • Zubereitungszeit: ca. 20 Minuten • Ruhezeit: ca. 30 Minuten • Backzeit: ca. 20 Minuten
Pro Stück ca. 40 kcal • 8 g KH • 1 g Fett • 11 % Fettkalorien

4 Eiweiße

Salz

1 TL Citroback

200 g Zucker

200 g gemahlener Kokos-Zwieback (z. B. von Brandt)

1. Die Eiweiße zusammen mit Salz und Citroback sehr steif schlagen. Danach weiterrühren und den Zucker langsam einrieseln lassen. Den gemahlenen Kokoszwieback unterheben und die Masse etwa 30 Minuten ruhen lassen.

2. Den Backofen auf 175 °C vorheizen. Ein Backblech mit Backpapier auslegen. Mit 2 Teelöffeln kleine Häufchen daraufsetzen.

3. Die Makronen etwa 20 Minuten auf der mittleren Schiene backen. Auf einem Kuchengitter abkühlen lassen.

Tipp Wer mag kann die Masse auch auf Oblaten setzen.

Haferflockenmakronen

Für 50 Stück • Zubereitungszeit: ca. 20 Minuten • Backzeit: ca. 20 Minuten
Pro Stück ca. 50 kcal • 9 g KH • 2 g Fett • 27 % Fettkalorien

250 g brauner Zucker

50 g Butter

2 Eier

1 Päckchen Vanillezucker

250 g Haferflocken

1 EL Kakao

1. Zucker, Butter, Eier und Vanillezucker in einer Rührschüssel schaumig schlagen. Haferflocken mit Kakao mischen, dazugeben und unterrühren.

2. Den Backofen auf 175 °C vorheizen. Ein Backblech mit Backpapier auslegen. Mit 2 Teelöffeln kleine Häufchen der Haferflockenmasse daraufsetzen und diese auf der mittleren Schiene etwa 20 Minuten backen.

3. Die Makronen auf einem Kuchengitter abkühlen lassen.

Schneller Bienenstich

Für 24 Stück • Zubereitungszeit: ca. 10 Minuten • Backzeit: ca. 30 Minuten
Pro Stück ca. 154 kcal • 26 g KH • 4 g Fett • 22 % Fettkalorien

FÜR DEN TEIG:
400 ml Buttermilch
4 Eier
400 g Mehl
200 g Zucker
1 Päckchen Backpulver
2 Päckchen Vanillezucker

ZUM BESTREUEN:
100 g Kokosraspeln
100 g Zucker

1. Eine Fettpfanne (ca. 30 x 35 cm) mit Backpapier auslegen. Den Backofen auf 180 °C vorheizen.

2. Die Eier mit den Schneebesen des Handrührgerätes ca. 1 Minute schaumig schlagen. Den Zucker mit dem Vanillezucker nach und nach zufügen und weitere 2 Minuten rühren, bis die Masse luftig-cremig ist. Die Buttermilch unterrühren. Das Mehl mit dem Backpulver mischen, auf die Eiermasse geben und alles kurz mit den Schneebesen des Handrührgerätes zu einem glatten Teig verrühren.

3. Den Teig in die Fettpfanne gießen und glatt streichen. Kokosraspeln und Zucker mischen und auf dem Teig verteilen. Im heißen Backofen ca. 30 Minuten backen.

Schneller Bienenstich

Quark-Grieß-Auflauf

Für 4 Personen • Zubereitungszeit: ca. 30 Minuten • Backzeit: ca. 1 Stunde
Pro Portion ca. 770 kcal • 98 g KH • 20 g Fett • 23 % Fettkalorien

1 l Milch (1,5 % F.)
2 Prisen Salz
80 g Grieß
500 g Magerquark
6 Eier
120 g Zucker
abger. Schale von 1 Zitrone
2 EL Zitronensaft
einige Tropfen Butteraroma
40 g Butter
40 g gem. Mandeln
2 Dosen Aprikosen (à 400 g Einwaage)

1. Die Milch mit dem Salz zum Kochen bringen. Den Grieß einstreuen und unter ständigem Rühren etwa 5 Minuten bei schwacher Hitze ausquellen und dann abkühlen lassen.

2. Den Quark in eine Schüssel geben, die Eier trennen und die Eigelbe zum Quark geben. Zucker, Zitronenschale und -saft sowie das Butteraroma dazugeben.

3. Alles mit dem Schneebesen des elektrischen Rührgerätes gut verrühren, dann den Grießbrei unterrühren.

4. Die Eiweiße steif schlagen und unter den Quark-Grieß heben. Die Masse in eine Auflaufform füllen.

5. Die Butter zerlassen und mit den Mandeln mischen, die Mischung auf der Quarkmasse verstreichen.

6. Den Auflauf im vorgeheizten Backofen bei 160 °C 50 bis 60 Minuten backen. Die Aprikosen abtropfen lassen und zum Auflauf servieren.

Tipp Dieser Auflauf schmeckt auch kalt sehr gut. Als Variante können Sie den Quark-Grieß-Auflauf mit einem geschälten und geraspelten Apfel verfeinern.

Sahnewaffeln mit Orangenquark

Für 8 Stück • Zubereitungszeit: ca. 30 Minuten
Pro Stück ca. 293 kcal • 44 g KH • 7 g Fett • 22 % Fettkalorien

300 g saure Sahne
100 g Zucker
1 Päckchen Vanillezucker
1 Päckchen Dr. Oetker Finesse Orangenfrucht
1 Prise Salz
3 Eier
250 g Weizenmehl
1 gestrichener TL Backpulver
1 TL Sonnenblumenöl
Puderzucker zum Bestäuben
250 g Magerquark
30 g Zucker
3 EL Mineralwasser

1. Das Waffeleisen auf höchster Stufe vorheizen. Das Mehl mit dem Backpulver mischen und sieben.

2. Die saure Sahne mit dem Zucker, dem Vanillezucker, 1/2 Päckchen Orangenfrucht und Salz in eine Rührschüssel geben und mit einem Handrührgerät verrühren.
Jedes Ei etwa 1/2 Minute auf höchster Stufe unterrühren. Die Mehl-Backpulvermischung kurz auf niedrigster Stufe unterrühren.

3. Das Waffeleisen auf mittlere Temperatur zurückschalten und leicht fetten. Den Teig in kleinen Portionen einfüllen und bei mittlerer Hitze goldbraune Waffeln backen.

4. Die Waffeln einzeln auf einem Kuchenrost erkalten lassen, dann mit Puderzucker bestäuben.

5. Den Quark mit Zucker, der restlichen Orangenfrucht und dem Mineralwasser verrühren und zu den Waffeln servieren.

Marzipanwaffeln

Für 10 Stück • Zubereitungszeit: ca. 20 Minuten
Pro Stück ca. 205 kcal • 208 g KH • 7 g Fett • 29% Fettkalorien

300 ml Milch (1,5% F.)
200 g Marzipanrohmasse
2 Eier
50 g Zucker
1 Prise Salz
200 g Mehl
Backspray zum Einfetten

1. 100 ml Milch erhitzen, das in kleine Stückchen geschnittene Marzipan zufügen und unter Rühren mit dem Schneebesen des Handrührgeräts auflösen.

2. Die restliche Milch, die Eier, Salz und Zucker zugeben und leicht schaumig schlagen. Das Mehl darübersieben und gut unterrühren.

3. Im leicht gefetteten Waffeleisen nacheinander alle Waffeln „hell" ausbacken. Mit Puderzucker bestäuben.

Marzipanwaffeln

Rührkuchen mit Ananasfüllung

Für 16 Stück • Zubereitungszeit: ca. 35 Minuten • Backzeit: ca. 50 Minuten
Pro Stück ca. 132 kcal • 22 g KH • 4 g Fett • 27 % Fettkalorien

FÜR DEN TEIG:

150 g Mehl

2 gestr. TL Backpulver

2 Päckchen Puddingpulver Vanille

120 g Zucker

1 Prise Salz

2 Eier

120 g Halbfettmargarine

125 ml Buttermilch

FÜR DIE FÜLLUNG:

1 Dose Ananas-Stücke,
200 g Abtropfgewicht

1 Päckchen Tortenguss, klar

2 EL Puderzucker zum Bestäuben

1. Den Backofen auf 180 °C vorheizen. Das Mehl in eine Schüssel sieben, mit Backpulver, Puddingpulver, Zucker und Salz vermischen. Eier, Halbfettmargarine und Buttermilch zugeben und alles mit dem Handrührgerät gut vermischen.

2. Den Teig in eine Kastenform (25 cm) füllen und glatt streichen. Den Kuchen in etwa 40 Minuten backen. In der Zwischenzeit die Ananasstücke abtropfen lassen.

3. Den Kuchen in der Form etwas abkühlen lassen, aus der Form lösen, auf einen Kuchenrost stürzen, erkalten lassen und einmal waagerecht durchschneiden.

4. Den Tortenguss gemäß Packungsanleitung mit dem Ananassaft anrühren und kurz aufkochen. Die Ananasstücke zugeben und kurz mitkochen.

5. Die Ananasmasse auf die untere Hälfte des Kuchens geben, die obere Hälfte daraufsetzen und vor dem Servieren mit Puderzucker bestäuben.

Kipferl

Kipferl

Für 45 Stück • Zubereitungszeit: ca. 1 Stunde • Kühlzeit: ca. 1 Stunde • Backzeit: ca. 10 Minuten
Pro Stück ca. 80 kcal • 14 g KH • 3 g Fett • 28 % Fettkalorien

50 g gemahlene Mandeln
450 g Mehl
100 g Butter
250 g Puderzucker
100 g Vanillejoghurt
1 Päckchen Vanillezucker
1 Vanilleschote

1. Die gemahlenen Mandeln mit dem Mehl, der Butter, 200 g Puderzucker, dem Vanillejoghurt, dem Vanillezucker und dem ausgekratzten Mark der Vanilleschote rasch zu einem Teig verkneten und für 1 Stunde kalt stellen.

2. Aus dem Teig dünne Rollen formen, in etwa 5 cm lange Stücke schneiden und diese zu Kipferl formen.

3. Die Kipferl auf ein mit Backtrennpapier ausgelegtes Backblech legen und im vorgeheizten Backofen bei 180 °C auf der mittleren Schiene etwa 10 Minuten backen.

4. Zum Schluss die noch heißen Vanillekipferl mit dem restlichen Puderzucker reichlich bestäuben.

Unsere Highlights:

Muffins

Noch so eine Küchen-Besonderheit aus Amerika: Der Muffin. Klein, handlich, genau die richtige Menge für die Tasse Kaffee zwischendurch ... eignet er sich immer zum Einfrieren und damit für jede Büro-Naschkatze.

Muffins mit Marmelade

Für 12 Stück • Zubereitungszeit: ca. 15 Minuten • Backzeit: ca. 20 Minuten
Pro Stück ca. 208 kcal • 29 g KH • 5 g Fett • 22 % Fettkalorien

280 g Mehl
1 EL Grieß
50 g Zucker
1 EL Backpulver
½ TL Natron
½ TL Salz
60 g Butter
1 Ei
280 g Joghurt (1,5 % F.)
60 ml Milch (1,5 % F.)
1 Päckchen Vanillezucker
140 g Himbeermarmelade
2 EL Puderzucker

1. Den Ofen auf 200 °C vorheizen. Die 12 Vertiefungen eines Muffinsblechs mit Papierförmchen auslegen.

2. Mehl und Grieß in eine Schüssel geben. Zucker, Backpulver, Natron und Salz dazugeben und alles gründlich miteinander verrühren.

3. Die Butter zerlassen und in eine große Schüssel geben. Das Ei hineinschlagen und gründlich unterrühren. Joghurt und Milch hinzufügen und das Ganze gründlich verrühren.

4. Die Mehlmischung nach und nach dazugeben und das Ganze so lange verrühren, bis das Mehl ganz untergearbeitet und ein glatter Teig entstanden ist.

5. Die Hälfte des Teigs gleichmäßig in die Muffinsformen verteilen, sodass diese halb gefüllt sind. Jeweils 1 Teelöffel Marmelade auf die Mitte der Teigfüllung geben und dann das Ganze mit dem restlichen Teig bedecken.

6. Die gefüllten Muffins auf der mittleren Schiene in 15 bis 20 Minuten backen, bis sie leicht bräunlich gefärbt sind. Sie dann aus den Formen entfernen und auf einem Gitterrost abkühlen lassen. Zum Schluss auf die abgekühlten Muffins Puderzucker sieben.

Muffins mit Marmelade

Zitronenmuffins

Für 12 Stück • Zubereitungszeit: ca. 10 Minuten • Backzeit: ca. 30 Minuten
Pro Stück ca. 219 kcal • 40 g KH • 5 g Fett • 21 % Fettkalorien

100 g Halbfettmargarine
125 g Zucker
1 Päckchen Vanillezucker
3 Eier
1/3 Fläschchen Zitronenaroma
abgeriebene Schale einer Zitrone
200 g Mehl
50 g Speisestärke
1 Prise Salz
1 Päckchen Backpulver
5 EL Milch, 1,5 % F
150 g Puderzucker
2–3 EL Zitronensaft

1. Die Margarine schaumig rühren, den Zucker, den Vanillezucker und die Eier abwechselnd zugeben. Zitronenaroma und Zitronenschale unterrühren. Mehl, Speisestärke, Salz und Backpulver mischen und zusammen mit der Milch in die Schaummasse rühren.

2. Den Teig gleichmäßig auf 12 Muffinförmchen verteilen und im vorgeheizten Backofen bei 180 °C ca. 25–30 Minuten backen.

3. Den Puderzucker mit dem Zitronensaft glatt rühren und die abgekühlten Muffins damit verzieren.

Aprikosen-Haferflocken-Muffins

Für 18 Stück • Zubereitungszeit: ca. 15 Minuten • Backzeit: ca. 25 Minuten
Pro Stück ca. 130 kcal • 24 g KH • 2 g Fett • 14% Fettkalorien

150 g reife Aprikosen
140 g Zucker
2 TL Backpulver
1 Prise Salz
2 Eier
400 g Joghurt (1,5% F.)
260 g Weizen-Vollkornmehl
100 g Haferflocken

1. Den Backofen auf 180 °C vorheizen und das Muffinblech mit Papierförmchen auslegen. Die Aprikosen waschen, trocknen, entsteinen und in rosinengroße Stücke schneiden.

2. Den Zucker, das Backpulver, Salz, die Eier und den Joghurt gut miteinander verrühren, bis sich der Zucker aufgelöst hat. Das Mehl und die Haferflocken unterrühren und die Aprikosenstückchen unterheben.

3. Den Teig gleichmäßig auf die Muffinförmchen verteilen und auf mittlerer Schiene 25 Minuten backen.

Tipp Wenn Sie statt frischer Aprikosen getrocknete verwenden, dann weichen Sie diese ca. 2 Stunden vorher in Wasser, mit 1 Päckchen Rumaroma versetzt, ein.

Frühstücksmuffins

Für 12 Stück • Zubereitungszeit: ca. 10 Minuten • Backzeit: ca. 25 Minuten
Pro Stück ca. 128 kcal • 24 g KH • 3 g Fett • 18 % Fettkalorien

12 Papierförmchen
1 Ei
80 g Zucker
1 Päckchen Vanillezucker
50 g Halbfettmargarine
150 g Joghurt, 1,5 % F.
175 g Mehl
75 g Speisestärke
1 gehäufter TL Backpulver
1/2 TL Natron

1. Den Backofen auf 200 °C vorheizen. Die Papierförmchen in die 12 Vertiefungen eines Muffinblechs setzen.

2. Das Ei in einer Schüssel mit dem Zucker und der Margarine schaumig rühren, den Joghurt zufügen. Das Mehl, die Speisestärke, das Backpulver und das Natron gut mischen und unterrühren.

3. Den Teig in die Muffinformen füllen und im Backofen ca. 25 Minuten goldbraun backen. Die Muffins nach dem Backen noch 10 Minuten im Blech lassen, dann aus den Vertiefungen nehmen und auf einem Kuchenrost auskühlen lassen.

Tipp Die Frühstücksmuffins schmecken pur oder mit Quark und Marmelade.

Beerenmuffins

Für 12 Stück • Zubereitungszeit: ca. 15 Minuten • Backzeit: ca. 20 Minuten
Pro Stück ca. 194 kcal • 36 g KH • 4 g Fett • 16 % Fettkalorien

1 Ei

150 g Zucker

1 Päckchen Vanillezucker

1 Prise Salz

75 g Halbfettmargarine

300 ml Buttermilch

300 g Mehl

2 TL Backpulver

1/2 TL Natron

150 g TK-Himbeeren oder -Erdbeeren

Puderzucker zum Bestäuben

1. Ei, Zucker, Vanillezucker, Salz und Margarine cremig rühren. Die Buttermilch unter Rühren nach und nach zufügen. Das Mehl bis auf 2 EL, das Backpulver und das Natron mischen und kurz unterrühren.

2. Die Beeren unaufgetaut mit 2 EL Mehl bestäuben und unter den Teig heben.

3. Ein Muffinblech mit Papierförmchen auslegen, den Teig gleichmäßig darin verteilen. Im vorgeheizten Backofen bei 200 °C ca. 20–25 Minuten backen. Die abgekühlten Muffins mit Puderzucker bestäuben.

Beerenmuffins

Mandelmuffins

Für 12 Stück • Zubereitungszeit: ca. 20 Minuten • Backzeit: ca. 20 Minuten
Pro Stück ca. 180 kcal • 30 g KH • 5 g Fett • 25 % Fettkalorien

FÜR DEN TEIG:

40 g Halbfettmargarine
1 Ei
200 g Joghurt, 1,5% F.
8 Tropfen Mandelaroma
260 g Mehl
80 g Zucker
1 Päckchen Vanillezucker
2 TL Backpulver
1/2 TL Natron

FÜR DIE STREUSEL:

2 EL Halbfettmargarine
40 g Mehl
50 g brauner Zucker
50 g gehackte Mandeln

1. Die Margarine zerlassen, mit dem Ei, dem Joghurt und dem Mandelaroma gut verrühren.

2. Das Mehl, den Zucker, den Vanillezucker, das Backpulver und das Natron gut vermischen, die flüssigen Zutaten zufügen und zügig unterrühren.

3. Den Backofen auf 200 °C vorheizen und ein Muffinblech mit Papierförmchen auslegen. Den Teig mit einem Esslöffel gleichmäßig auf die Förmchen verteilen.

4. Für die Streusel die Margarine zerlassen, das Mehl, den Zucker und die Mandeln zufügen und alles zu Krümeln vermengen. Die Streusel gleichmäßig auf dem Teig verteilen.

5. Die Muffins im Backofen auf der mittleren Schiene ca. 20 Minuten backen. Aus dem Ofen nehmen und noch 10 Minuten im Blech abkühlen lassen. Dann aus den Vertiefungen nehmen und auf einem Gitterrost abkühlen lassen.

Möhrenmuffins

Für 12 Stück • Zubereitungszeit: ca. 15 Minuten • Backzeit: ca. 30 Minuten
Pro Stück ca. 182 kcal • 34 g KH • 4 g Fett • 20% Fettkalorien

2 Eier
100 g Zucker
60 g Halbfettmargarine
150 g Mehl
2 TL Backpulver
1/2 TL Natron
250 g geraffelte Möhren
100 g Haferflocken
evt. 2–3 EL Milch, 1,5% F.
125 g Puderzucker
2 EL Orangensaft

1. Den Backofen auf 180 °C vorheizen. Die Papierförmchen in die 12 Vertiefungen eines Muffinblechs setzen.

2. Die Eier mit dem Zucker und der Margarine schaumig rühren. Das Mehl mit dem Backpulver und dem Natron mischen und unterrühren. Die Möhren und die Haferflocken zufügen, falls der Teig zu trocken ist, noch etwas Milch unterrühren.

3. Den Teig in die Muffinformen füllen und im Backofen ca. 30 Minuten backen.

4. Für den Guss den Puderzucker mit dem Orangensaft verrühren und auf die abgekühlten Muffins streichen.

Mandelmuffins

Kirschmuffins

Für 12 Stück • Zubereitungszeit: ca. 20 Minuten • Backzeit: ca. 20 Minuten
Pro Stück ca. 158 kcal • 26 g KH • 4 g Fett • 24 % Fettkalorien

12 Papierförmchen
200 g Kirschen, entkernt
80 g Zucker
250 g Mehl
2 TL Backpulver
1/2 TL Natron
1 Prise Salz
50 g Halbfettmargarine
1 Ei
200 g saure Sahne
1 Päckchen Vanillezucker
2 EL brauner Zucker

1. Den Backofen auf 200 °C vorheizen. Die Papierförmchen in die 12 Vertiefungen eines Muffinblechs setzen.

2. Die Kirschen in kleine Stücke schneiden, einige ganz lassen und zur Garnitur zur Seite legen. Die kleingeschnittenen Kirschen mit 2 EL Zucker in eine Schüssel geben und so verrühren, dass sie ganz mit dem Zucker überzogen sind.

3. Mehl, restlichen Zucker, Backpulver, Natron und Salz in einer Schüssel gut vermischen. Die Margarine zerlassen, das Ei, die saure Sahne, die gezuckerten Kirschen und den Vanillezucker unterrühren, zur Mehlmischung geben. Alles gut verrühren, bis das Mehl ganz untergearbeitet ist.

4. Den Teig auf die Muffinförmchen verteilen, mit den restlichen Kirschen garnieren und mit dem braunen Zucker bestreuen.

5. Die Muffins im Backofen auf der mittleren Schiene ca. 20 Minuten backen, bis sie leicht gebräunt sind. Nach dem Backen noch 10 Minuten im Blech lassen, dann aus den Vertiefungen nehmen und auf einem Kuchenrost auskühlen lassen.

Tipp Statt frischer Kirschen können auch gut abgetropfte aus dem Glas verwendet werden. Die Muffins nach Belieben mit Zuckerguss verzieren.

Preiselbeermuffins

Für 12 Stück • Zubereitungszeit: ca. 10 Minuten • Backzeit: ca. 25 Minuten
Pro Stück ca. 124 kcal • 23 g KH • 3 g Fett • 19 % Fettkalorien

120 g brauner Zucker
125 g Weizenmehl
50 g Speisestärke
1 TL Backpulver
1/2 TL Natron
1 TL Zimt
1/2 TL gemahlene Nelken
75 g saure Sahne
1 Ei
40 g zerlassene Halbfettmargarine
150 g Preiselbeeren aus dem Glas
2 EL Puderzucker

1. Den Backofen auf 180 °C vorheizen. Die Papierförmchen in die 12 Vertiefungen eines Muffinblechs setzen.

2. Die trockenen Zutaten gut mischen. Die saure Sahne, das Ei, die Margarine und die Preiselbeeren unterrühren. Den Teig in die Muffinformen füllen und im Backofen ca. 25 Minuten backen.

3. Nach dem Backen noch 10 Minuten im Blech lassen, dann aus den Vertiefungen nehmen und auf einem Kuchenrost auskühlen lassen.
Die ausgekühlten Muffins mit dem Puderzucker bestreuen.

Schoko-Bananen-Muffins

Für 12 Stück • Zubereitungszeit: ca. 15 Minuten • Backzeit: ca. 25 Minuten
Pro Stück ca. 197 kcal • 36 g KH • 4 g Fett • 18 % Fettkalorien

12 Papierförmchen
260 g Mehl
2 TL Backpulver
100 g Schokoladenraspel
2 Eier
120 g Zucker
4 EL Joghurt, 1,5 % F.
1 EL Grieß
4 mittelgroße reife Bananen

1. Den Backofen auf 180 °C vorheizen. Die Papierförmchen ins Blech einsetzten. Die Bananen schälen, mit einer Gabel gut zerdrücken. Mehl, Backpulver, Grieß und die Hälfte der Schokoladenraspel mischen.

2. Das Ei schaumig schlagen. Zucker, Joghurt und die Bananen unterrühren. Die Mehlmischung unterheben.

3. Den Teig in die Muffinformen füllen, mit den restlichen Schokoladenraspel bestreuen und im Backofen in ca. 25 Minuten goldbraun backen.

Preiselbeermuffins

Muffins mit Apfelstückchen

Für 12 Stück • Zubereitungszeit: ca. 15 Minuten • Backzeit: ca. 25 Minuten
Pro Stück ca. 155 kcal • 26 g KH • 3 g Fett • 20 % Fettkalorien

12 Papierförmchen
2 Äpfel
75 g Halbfettmargarine
150 g Magerquark
70 g Zucker
1 Päckchen Vanillezucker
1 Ei
250 g Mehl
2 TL Backpulver
1/2 TL Natron
2 EL Hagelzucker

1. Den Backofen auf 200 °C vorheizen. Die Papierförmchen in die 12 Vertiefungen eines Muffinblechs setzen.

2. Die Äpfel schälen und fein würfeln. Die Margarine schaumig rühren, Quark, Zucker und Ei zufügen und verrühren. Mehl mit Backpulver und Natron mischen, unter die Quarkmasse rühren und zum Schluss die Apfelstücke untermengen.

3. Den Teig auf die Muffinförmchen verteilen, mit dem Hagelzucker bestreuen und im Backofen ca. 25 Minuten backen.

4. Nach dem Backen noch 10 Minuten im Blech lassen, dann aus den Vertiefungen nehmen und auf einem Kuchenrost auskühlen lassen.

Muffins mit Apfelstückchen

Kartoffel-Lachs-Muffins

Für 12 Stück • Zubereitungszeit: ca. 15 Minuten • Backzeit: ca. 20 Minuten
Pro Stück ca. 136 kcal • 17 g KH • 5 g Fett • 29 % Fettkalorien

12 Papierförmchen
150 g Mehl
100 g Kartoffelpüree Flocken
Pfeffer, Salz, Muskat
1 1/2 TL Backpulver
1/2 TL Natron
300 g Magerjoghurt
100 ml Milch, 1,5 % F.
1 Ei
50 g Halbfettmargarine
100 g Lachs, geräuchert
1 Zucchini, klein
50 g Käse, gerieben

1. Den Backofen auf 200 °C vorheizen. Die Papierförmchen ins Blech einsetzen.

2. Mehl mit Kartoffelpüree, Pfeffer, Salz, Muskat, Backpulver und Natron gut mischen.

3. Den Joghurt in einer zweiten Schüssel mit Milch, Ei und zerlassener Margarine verrühren. Lachs und Zucchini in kleine Würfel schneiden und unter die Eiermischung mengen. Die Mehlmischung zufügen und nur solange rühren, bis die trockenen Zutaten feucht sind.

4. Den Teig in die Muffinformen füllen und mit Käse bestreuen. Im Backofen bei 180 °C ca. 20–25 Minuten backen.

Tipp Servieren Sie dazu Meerrettich-Joghurt.

Gemüsemuffins

Für 12 Stück • Zubereitungszeit: ca. 15 Minuten • Backzeit: ca. 25 Minuten
Pro Stück ca. 113 kcal • 14 g KH • 4 g Fett • 29 % Fettkalorien

12 Papierförmchen
1/2 rote Paprikaschote
2 Frühlingszwiebeln
200 g Mehl
1 geh. TL Backpulver
1/2 TL Natron
1 TL Paprikapulver, edelsüß
75 g Tilsiter, 30 % F., gerieben
1 Ei
50 g Halbfettmargarine
300 g Magerjoghurt
150 g Mais (1 Dose)

1. Den Backofen auf 200 °C vorheizen. Die Papierförmchen ins Muffinblech setzen.

2. Die Paprikaschote putzen, waschen, die Kerne entfernen und in kleine Würfel schneiden. Die Frühlingszwiebeln putzen, waschen und in feine Ringe schneiden. Das Mehl mit dem Backpulver, dem Natron und dem Paprikapulver mischen. Das vorbereitete Gemüse und den Käse zufügen und vermengen.

3. In einer zweiten Schüssel das Ei mit der Margarine, dem Joghurt und dem abgetropften Mais verrühren. Die Mehlmischung zugeben und unterrühren.

4. Den Teig in die Muffinformen füllen und im Backofen ca. 25 Minuten backen.

Feines zum Verwöhnen

Torten und Kuchen mit Gelinggarantie ... köstlich und trotzdem LowFett 30. Wundervoll für Geburtstagskinder, als Partygeschenk oder für die hungrigen Kollegen. Und wenn Sie´s nicht dazusagen, dass sie LowFett 30 sind, wird´s keiner merken!

Erdbeerrolle

Für 8 Stück • Zubereitungszeit: ca. 1 Stunde
Backzeit: ca. 20 Minuten • Wartezeit: ca. 8 Stunden
Pro Stück ca. 240 kcal • 35 g KH • 7 g Fett • 26 % Fettkalorien

Für die Biskuitrolle:

2 Eiweiß
100 g Mehl
125 ml Milch (1,5 % F.)
60 g Zucker

Für die Füllung:

125 g Joghurt (1,5 % F.)
125 g Quark (0,2 % F.)
50 g Zucker
250 g Erdbeeren
1 1/2 Päckchen Gelatine
1 Eiweiß

Für den Überzug:

150 g Schlagsahne (24 % F.)
50 g Zucker
1/2 Päckchen Sahnesteif
8 dicke, schöne Erdbeeren

1. Den Backofen auf 175 °C vorheizen. Das Backblech mit Backpapier auslegen. Das Eiweiß steif schlagen. In einer anderen Schüssel das Mehl, die Milch und den Zucker so lange verrühren, bis sich der Zucker auflöst.

2. Das Eiweiß unterheben. Die Masse auf das Backblech gießen und den Teig, falls nötig, geradeziehen. Den Biskuit 30 Minuten auf mittlerer Schiene backen.

3. Den Biskuit aus dem Backofen nehmen, vom Backblech lösen und auf einem Kuchenrost auskühlen lassen. Eine ausreichend lange Kastenform mit Backpapier auslegen.

4. Für die Füllung den Joghurt, Quark und Zucker verrühren; der Zucker muss sich vollständig auflösen. Die Erdbeeren waschen, das Grün entfernen und die Erdbeeren pürieren.

5. Die Gelatine nach Packungsanleitung mit etwas Wasser verrühren, quellen lassen und erwärmen. Die flüssige Gelatine mit den Erdbeeren vermengen, dann mit der Joghurt-Quark-Masse verrühren.

6. Die Masse zügig auf dem Biskuit verteilen, vorsichtig zusammenrollen und in die Kastenform heben (eventuelle Reste noch hineingießen). Die Erdbeerrolle über Nacht ausgelieren lassen.

7. Für den Überzug die Schlagsahne mit dem Zucker und Sahnesteif steif schlagen und die Biskuitrolle damit auf der Servierplatte einstreichen. Die Erdbeeren waschen, halbieren und als Mittelreihe platzieren.

Amarettini-Makronen

Für 40 Stück • Zubereitungszeit: ca. 25 Minuten • Backzeit: ca. 10 Minuten
Pro Stück ca. 15 kcal • 4 g KH • 0,2 g Fett • 12 % Fettkalorien

150 g Amarettini
3 Eiweiß
Salz
40 Backoblaten (5 cm Ø)

1. Die Amarettini mahlen oder mit dem Mörser fein zerbröseln.
2. Die Eiweiße mit einer Prise Salz steif schlagen. Die Brösel mit dem Eiweiß mischen.
3. Die Backoblaten auf ein mit Backpapier ausgelegtes Backblech setzen und mit 2 Teelöffeln kleine Häufchen von der Eiweißmasse auf die Oblaten setzen.
4. Im vorgeheizten Backofen bei 160 °C auf der mittleren Schiene etwa 10 Minuten backen.

Erdbeerrolle

Apfel-Sahne-Kuchen

Für 20 Stück • Zubereitungszeit: ca. 1 Stunde
Wartezeit: ca. 1 1/2 Stunden • Backzeit: ca. 1 Stunde
Pro Stück ca. 260 kcal • 48 g KH • 5 g Fett • 19% Fettkalorien

FÜR DEN HEFETEIG:

500 g Mehl

25 g Hefe

50 g Zucker

250 ml warme Milch (1,5 % F.)

1 EL Zimt

FÜR DEN BELAG:

1 1/4 kg Äpfel

100 g Sultaninen

500 g saure Sahne (10 % F.)

4 Eier

200 g Zucker

1 Päckchen Bourbon-Vanillezucker

100 g Joghurt (1,5 % F.)

1. Für den Hefeteig 200 g von dem Mehl mit der zerbröselten Hefe, dem Zucker und der Milch zu einem flüssigen Teig verrühren. Den Teig zugedeckt an einem warmen Ort etwa 30 Minuten gehen lassen.

2. Wenn der Teig gegangen ist, das restliche Mehl und den Zimt hinzufügen und kräftig durchkneten. Nochmals zudecken und wieder an einem warmen Ort 30 Minuten gehen lassen.

3. Inzwischen für den Belag die Äpfel waschen, schälen, entkernen und in feine Schnitze schneiden. Den Backofen auf 180 °C vorheizen und das Backblech mit Backpapier auslegen.

4. Den Teig auf das Backblech stürzen, eine Hand voll Mehl darüber streuen, damit der Teig nicht an den Fingern klebt. Den Teig gleichmäßig auf dem Blech verteilen.

5. Die Apfelschnitze aufrecht, mit der Biegung nach oben, in den Teig setzen und die Sultaninen darüber streuen.

6. Die saure Sahne, die Eier, den Zucker, Vanillezucker und den Joghurt verquirlen. Diese Masse gleichmäßig über den Kuchen gießen und 1 Stunde backen.

Aprikosenkuchen

Für 12 Stück • Zubereitungszeit: ca. 25 Minuten • Backzeit: ca. 25 Minuten
Pro Stück ca. 125 kcal • 30 g KH • 2 g Fett • 15 % Fettkalorien

850 g Aprikosen (Dose)
3 Eier
1 Prise Salz
6 EL lauwarmes Wasser
100 g Zucker
1 TL abgeriebene Zitronenschale
150 g Mehl
½ TL Backpulver
1 EL Puderzucker

1. Die Aprikosen in einem Sieb abtropfen lassen. Eine Springform (26 cm Ø) mit Backpapier auslegen. Den Backofen auf 180 °C vorheizen.

2. Die Eier trennen. Die Eiweiße mit dem Salz steif schlagen. Nach und nach den Zucker und die Eigelbe und das lauwarme Wasser einrühren, bis eine feste, cremige Masse entstanden ist.

3. Die Zitronenschale mit dem Mehl und Backpulver mischen und auf die Masse sieben. Vorsichtig mit dem Schneebesen unterheben.

4. Den Teig in die Springform geben und glatt streichen. Die abgetropften Aprikosenhälften darauf verteilen. Den Kuchen auf der mittleren Schiene etwa 25 Minuten backen.

5. Den fertigen Kuchen aus der Springform nehmen, etwas abkühlen lassen und mit Puderzucker bestäuben.

Superschneller Käsekuchen

Für 16 Stück • Zubereitungszeit: ca. 15 Minuten • Backzeit: ca. 1 Stunde
Pro Stück ca. 180 kcal • 24 g KH • 3 g Fett • 15 % Fettkalorien

1 kg Magerquark

250 g Sahnequark

3 Eier

200 g Zucker

2 Päckchen Vanillezucker

1 Päckchen Vanillepuddingpulver

1 TL Backpulver

55 g Grieß

1 Dose Aprikosen
(250 g Einwaage)

1. Den Backofen auf 180 °C vorheizen. Den Quark und die Eier in einer Rührschüssel miteinander verrühren. Alle übrigen Zutaten, bis auf die Aprikosen, miteinander vermischen und unter die Quarkmasse heben.

2. Die Hälfte der Quarkmasse in eine mit Backpapier ausgelegte Springform füllen, das Obst darauf verteilen, dann die andere Hälfte darüber geben. Auf der mittleren Schiene etwa 1 Stunde hellbraun backen.

Apfelkuchen mit Puddingguss

Ergibt 12 Stück • Zubereitungszeit: ca. 35 Minuten • Backzeit: ca. 50 Minuten
Pro Stück ca. 270 kcal • 41 g KH • 8 g Fett • 27 % Fettkalorien

220 g Mehl
80 g Zucker
2 TL Backpulver
1 Prise Salz
1 Ei
100 g Halbfettmargarine
4 große Äpfel
etwas Zimtpulver
2 Päckchen Vanillepuddingpulver
½ l Milch (1,5 % F.)
80 g Zucker
2 Eier
50 g Mandelblättchen

1. Aus Mehl, Zucker, Backpulver, Salz, Ei und der Margarine einen Mürbeteig herstellen.

2. Den Teig in einer Springform (28 cm Ø) ausrollen und den Rand etwa 3 cm hochziehen. Den Ofen auf 175 °C vorheizen.

3. Die Äpfel schälen, entkernen und in etwa 1 ½ cm große Stücke schneiden. Die Apfelstücke auf dem Mürbeteig verteilen und mit etwas Zimt bestreuen.

4. Das Puddingpulver mit etwas Milch und dem Zucker verrühren. Die restliche Milch in einen Topf geben, aufkochen und das angerührte Puddingpulver hinzufügen. Die Milch nochmals aufkochen, dann von der Kochstelle nehmen, etwas abkühlen lassen und die Eier unterrühren.

5. Die Puddingmasse auf den Äpfeln verteilen und glatt streichen. Die Mandelblättchen darüber streuen.

6. Den Apfelkuchen im heißen Ofen auf der mittleren Schiene 45 bis 50 Minuten backen.

Tipps Nicht jede Apfelsorte eignet sich für Kuchen. Empfehlenswert sind Berlepsch, Boskop, Idared. Halbfettmargarine enthält nur halb so viel Fett wie die herkömmliche Margarine. Auf der Packung steht, dass sie nicht zum Braten und Backen geeignet ist. Dieses Backrezept funktioniert jedoch wunderbar mit Halbfettmargarine.

Pink-Grapefruit-Torte

Für 16 Stück • Zubereitungszeit: ca. 45 Minuten • Backzeit: ca. 35 Minuten
Kühlzeit: ca. 3 Sunden • Gelierzeit: ca. 1 Stunde
Pro Stück ca. 190 kcal • 33 g KH • 4 g Fett • 17 % Fettkalorien

FÜR DEN BISKUITTEIG:

3 Eier

175 g Zucker

1 Päckchen Vanillezucker

175 g Mehl

1 TL Backpulver

FÜR DEN BELAG:

6 Blatt weiße Gelatine

750 g Speisequark (20 % F.)

2 rosa Grapefruit

100 g Pink-Grapefruit-Marmelade

100 g Zucker

2 Eiweiß

1 Päckchen heller Tortenguss

1. Den Backofen auf 175 °C vorheizen. Für den Teig die Eier trennen. Die Eigelbe mit 3 EL Wasser, dem Zucker und dem Vanillezucker schaumig schlagen. Die Eiweiße steif schlagen und auf die Eigelbmasse geben. Das Mehl und das Backpulver darüber sieben und vorsichtig unterheben.

2. Eine Springform von 26 cm Ø mit Trennpapier auslegen und die Teigmasse einfüllen. Auf der mittleren Schiene etwa 35 Minuten backen. Den Boden auskühlen lassen.

3. Für den Belag die Gelatine nach Anweisung in Wasser einweichen. Den Quark, den Saft einer Grapefruit, die Marmelade und den Zucker sorgfältig verrühren. Die Gelatine auflösen und unter die Quarkmasse rühren.

4. Die Eiweiße steif schlagen und vorsichtig unter die Masse heben. Den Biskuitboden mit einem Tortenring umspannen und die Quarkmasse einfüllen, glatt streichen und etwa 3 Stunden in den Kühlschrank stellen.

5. Wenn die Torte nach etwa 1 Stunde zu gelieren beginnt, die zweite Grapefruit sorgfältig schälen und filetieren. Die Oberfläche der Torte mit den Grapefruitfilets verzieren und schließlich mit Tortenguss überziehen.

Möhrenkuchen

Ergibt 12 Stücke • Zubereitungszeit: ca. 30 Minuten • Backzeit: ca. 45 Minuten
Pro Stück ca. 190 kcal • 30 g KH • 6 g Fett • 28 % Fettkalorien

4 Möhren
Saft von 1 Zitrone
4 Eier
250 g Zucker
3 EL warmes Wasser
1 Msp. Zimt
1 Prise Nelkenpulver
1 TL abgeriebene Zitronenschale
125 g gemahlene Mandeln
100 g Mehl
1 TL Backpulver
1 Prise Salz
1 EL Puderzucker

1. Die Möhren fein raspeln und mit dem Zitronensaft vermischen. Den Backofen auf 180 °C vorheizen.

2. Die Eier trennen. Eigelb mit Zucker und Wasser cremig rühren. Zimt, Nelkenpulver, Zitronenschale dazugeben.

3. Möhren, gemahlene Mandeln und das mit Backpulver gemischte Mehl unterrühren.

4. Das Eiweiß mit Salz steif schlagen. Den Eischnee unter die Teigmasse heben.

5. Den Teig in eine mit Backpapier ausgelegte Springform (26 cm Ø) füllen und glatt streichen. Etwa 45 Minuten auf mittlerer Schiene backen.

6. Den Kuchen auf einem Kuchengitter auskühlen lassen und mit Puderzucker bestreuen.

Möhrenkuchen

Mandelbaisertorte

Für 16 Stück • Zubereitungszeit: ca. 45 Minuten • Kühlzeit: ca. 30 Minuten • Backzeit: ca. 1 Stunde
Pro Stück ca. 260 kcal • 40 g KH • 8 g Fett • 26 % Fettkalorien

FÜR DEN TEIG:

220 g Mehl
2 TL Backpulver
80 g Zucker
100 g Margarine
1 Ei
1 Prise Salz

FÜR DEN BELAG:

3 Eier
750 g Magerquark
225 g Zucker
1 1/2 Päckchen Mandelpudding
1 Prise Salz
500 ml Milch (1,5 % F.)
einige Tropfen Zitronensaft

AUSSERDEM:

4 EL Aprikosenmarmelade
1 Limette

1. Für den Teig das Mehl mit dem Backpulver und dem Zucker mischen, die Margarine, das Ei und das Salz dazugeben und alles zu einem glatten Teig verarbeiten. Den Teig 30 Minuten kalt stellen.

2. Den Boden einer Springform von 26 cm Ø mit Trennpapier bespannen, den Rand mit etwas Margarine einreiben.
Den Backofen auf 180 °C vorheizen.

3. Für den Belag die Eier trennen. Den Quark, 150 g Zucker, das Puddingpulver, die Eigelbe, das Salz und die Milch sorgfältig verrühren.

4. Den Teig rund ausrollen. Die Springform damit auslegen und den Rand etwas hochdrücken. Den Teigboden mehrmals mit einer Gabel einstechen. Die Quarkmasse auf den Teig geben und glatt streichen. Auf der mittleren Schiene etwa 40 Minuten backen.

5. Die Eiweiße steif schlagen, dabei den restlichen Zucker einrieseln lassen. Zum Schluss den Zitronensaft zugeben.
Den Kuchen aus dem Ofen nehmen und den Eischnee darauf verteilen. Weitere 20 Minuten backen.

6. Den Kuchen abkühlen lassen, die Aprikosenmarmelade erwärmen und den Teigrand damit bestreichen. Die Limette heiß abwaschen und in dünne Scheiben schneiden. Die Scheiben halbieren und an den Tortenrand setzen.

Tipp Den Kuchen aus dem Ofen nehmen und unter einer Kuchenhaube abkühlen lassen. So bilden sich schöne Karamelltröpfchen auf der Oberfläche.

Apfeltarte

Für 10 Personen • Zubereitungszeit: ca. 20 Minuten
Kühlzeit: ca. 1 Stunde • Backzeit: insg. ca. 70 Minuten
Pro Portion ca. 480 kcal • 94 g KH • 10 g Fett • 18 % Fettkalorien

300 g Mehl
100 g Butter
200 g Zucker
1 TL Zimt
2 Eier
2 Eiweiß
2 Päckchen Vanillezucker
2 kg Apfelmus
4 Äpfel mit roter Schale
8 EL Aprikosenkonfitüre
Saft von 1 Zitrone

1. Für den Teig das Mehl auf eine Arbeitsfläche sieben. In die Mitte eine Mulde drücken. Die Butter in Flöckchen, die halbe Menge Zucker, Zimt, die Eier, Eiweiß und den Vanillezucker hineingeben.

2. Alles verkneten bis ein geschmeidiger Teig entsteht. Den Teig 1 Stunde kalt stellen.

3. Den Teig halbieren, auf einer bemehlten Arbeitsfläche jeweils kreisrund (Ø 26 cm) ausrollen, jeden Teigboden in eine Tarteform legen und einen Rand hochdrücken. Das Apfelmus auf die Teige verteilen. Den Backofen auf 190 °C oder bei Umluft auf 170 °C vorheizen.

4. Die Äpfel waschen, entkernen, in feine Scheiben schneiden und auf die beiden Tartes legen. Den restlichen Zucker darauf streuen und nacheinander in 35–40 Minuten auf der mittleren Schiene backen.

5. Die Aprikosenkonfitüre und den Zitronensaft zusammen erhitzen und durch ein Sieb streichen und dünn auf die heißen Tartes verstreichen.

Tipp Die Tartes schmecken heiß und kalt.

Quarksahne-Kirschtorte mit Eierlikör

Für 12 Stück • Zubereitungszeit: ca. 30 Minuten
Backzeit: ca. 35 Minuten • Kühlzeit: ca. 2 Stunden
Pro Stück ca. 279 kcal • 112 g KH • 8 g Fett • 27 % Fettkalorien

FÜR DEN TEIG:

30 g Halbfettmargarine

70 g Joghurt, 1,5 % F.

100 g Zucker

1 Päckchen Vanillezucker

2 Eier

135 g Mehl

1 TL Backpulver

1/2 TL Natron

1 EL Rum

100 g Schokoladenraspeln

FÜR DIE FÜLLUNG:

1 Glas Sauerkirschen (350 g Abtropfgewicht)

2 gestr. EL Speisestärke

FÜR DIE QUARKSAHNE:

6 Blatt weiße Gelatine

500 g Cremequark, 0,2 % F.

2 EL Zucker

1 Päckchen Vanillezucker

3 Tropfen Backaroma Vanille

100 g Sahne

4–5 EL Eierlikör

1. Den Backofen auf 180 °C vorheizen. Margarine, Joghurt, Zucker, Vanillezucker und die Eier schaumig schlagen. Mehl, Backpulver und Natron mischen, nach und nach unterrühren. Etwa 2 EL Schokoraspeln beiseite legen, den Rest mit dem Rum unter den Teig mengen.

2. Eine Springform mit Backpapier auslegen, den Teig einfüllen, glatt streichen und ca. 35 Minuten backen.

3. Die Sauerkirschen auf einem Sieb abtropfen lassen, den Saft auffangen. Die Speisestärke mit 5 EL des Saftes glatt rühren. 150 ml Sauerkirschsaft aufkochen, unter Rühren die Stärke hinzufügen und noch einmal aufkochen lassen. Die abgetropften Kirschen untermischen und abkühlen lassen.

4. Einen Tortenring um den ausgekühlten Kuchen legen, die Kirschen darauf verteilen und vollständig auskühlen lassen.

5. Die Gelatine nach Packungsanleitung auflösen. Den Cremequark mit dem Zucker, dem Vanillezucker und dem Backaroma verrühren.

6. Erst ein wenig Quarkmasse unter die aufgelöste Gelatine rühren, dann die Gelatinemischung unter den Quark rühren. Die Masse in den Kühlschrank stellen, bis sie anfängt zu gelieren.

7. Die Sahne steif schlagen, unter den Quark ziehen und auf den Kirschen verteilen. Mit einem Kochlöffelstiel kreisförmig Rillen in die Quarksahne ziehen. Den Eierlikör mit einem Löffel in die Rillen füllen. Den Kuchen bis zum Servieren kühl stellen. Den Tortenring entfernen und die restlichen Schokoladenraspeln auf die Torte streuen.

Weihnachts-
bäckerei

Nie mehr zulegen in der Weihnachtszeit ... das ist endlich möglich. Unsere Weihnachtskekse und Plätzchen verschönern den Advent ... vor allem, weil man sich den Genuss nicht ständig von den Sorgen um die Figur verderben lassen muss.

Nürnberger Lebkuchen

Für 50 Stück • Zubereitungszeit: ca. 1 Std. • Backzeit: ca. 30 Minuten
Pro Stück ca. 85 kcal • 15 g KH • 3 g Fett • 26 % Fettkalorien

FÜR DEN TEIG:
4 Eier
225 g Zucker
1 Päckchen Vanillezucker
1 Prise Salz
250 g Mehl
1 geh. TL Backpulver
225 g gemahlene Mandeln
abgeriebene Schale von 1 Zitrone
1 Msp. gemahlene Nelken
1 Msp. gemahlener Piment
1 Msp. gemahlener Kardamom
1 geh. TL gemahlener Zimt
100 g fein gehacktes Zitronat
runde Backoblaten (8 cm Ø)

FÜR DEN GUSS:
200 g Puderzucker
3 EL heißes Wasser
2 EL Rosenwasser
50 g bunte Zuckerstreusel

1. Die Eier, den Zucker, den Vanillezucker und das Salz schaumig rühren.

2. Das Mehl mit dem Backpulver mischen und nach und nach unterrühren. Die Mandeln hinzufügen und unterziehen.

3. Die Zitronenschale, die Gewürze und das Zitronat in den Teig rühren.

4. Den Teig etwa 1 cm dick auf die Oblaten streichen, dabei einen Rand von etwa 1 cm lassen. Die Oblaten auf ein Backblech setzen.

5. Im vorgeheizten Backofen bei 180 °C auf der mittleren Schiene backen. Nach etwa 30 Minuten das Blech aus dem Ofen nehmen.

6. Den Puderzucker sieben und mit Wasser und Rosenwasser glatt rühren.

7. Die noch warmen Lebkuchen dünn mit dem Guss bestreichen, mit den Zuckerstreuseln verzieren und auf dem Blech auskühlen lassen.

Elisenlebkuchen

Für 35 Stück • Zubereitungszeit: ca. 1 Stunde • Ruhezeit: ca. 1 Stunde • Backzeit: ca. 15 Minuten
Pro Stück ca. 130 kcal • 20 g KH • 4 g Fett • 28 % Fettkalorien

3 Eier

250 g Zucker

250 g gehackte Mandeln

75 g Orangeat

125 g Zitronat

120 g Mehl

1 TL Backpulver

1 TL gemahlener Zimt

1 Msp. gemahlene Nelken

1 Msp. gemahlener Kardamom

1 Msp. gemahlener Piment

1/2 TL Citroback

1 EL Rum

150 g geriebener Zwieback

35 runde Backoblaten (ca. 8 cm Ø)

100 g Puderzucker

2 EL Rum

1. Die Eier zusammen mit dem Zucker schaumig rühren. Mandeln, Orangeat und Zitronat hinzufügen und unterrühren.

2. Das Mehl mit dem Backpulver mischen, sieben und unter Rühren löffelweise dazugeben.

3. Gewürze, Citroback, Rum und Zwieback hinzufügen und gut verrühren, bis eine zähe Masse entstanden ist. Diese bei Zimmertemperatur etwa 1 Stunde ruhen lassen.

4. Den Backofen auf 160 °C vorheizen. Ein Backblech mit Backpapier auslegen. Die Oblaten darauf verteilen und mit einem Messer die Lebkuchenmasse etwa 2 cm dick auf die Oblaten streichen. Auf der mittleren Schiene etwa 15 Minuten hellbraun backen.

5. Für die Glasur den Puderzucker mit dem Rum glatt rühren. Die Lebkuchen mit der Glasur überziehen.

Aachener Printen

Für 50 Stück • Zubereitungszeit: ca. 1 1/4 Stunden
Ruhezeit: ca. 24 Stunden • Backzeit: ca. 15 Minuten
Pro Stück ca. 95 kcal • 24 g KH • 0,1 g Fett • 1 % Fettkalorien

500 g Zuckerrübensirup
3 EL Wasser
5 g Pottasche
250 g Zucker
100 g Orangeat
600 g Mehl
2 TL gemahlener Anis
2 TL gemahlener Koriander
2 TL gemahlener Zimt
1/2 TL gemahlener Piment
1/2 TL gemahlener Kardamom
1/2 TL gemahlene Nelken
1 TL Natron
50 g Hagelzucker

1. Den Sirup mit dem Wasser und der Pottasche erwärmen, den Zucker darin auflösen. Die Mischung auf Handwärme abkühlen lassen.

2. Orangeat sehr fein würfeln, mit dem Mehl und den Gewürzen unter den Sirup kneten. Den Teig abdecken und 24 Stunden kühl stellen.

3. Den Teig auf bemehlter Fläche etwa 4 mm dick ausrollen. In etwa 3 x 8 cm große Stücke schneiden und auf einem mit Backtrennpapier ausgelegten Blech bei 200 °C auf der mittleren Schiene etwa 15 Minuten backen.

4. Die noch warmen Printen mit Hagelzucker bestreuen und auskühlen lassen.

Pfefferkuchen

Für 60 Stück • Zubereitungszeit: ca. 30 Minuten • Backzeit: ca. 15 Minuten
Pro Stück ca. 70 kcal • 12 g KH • 2 g Fett • 19 % Fettkalorien

350 g Zucker
4 Eier
500 g Mehl
1 TL gemahlener Zimt
1 Msp. schwarzer Pfeffer
1 Msp. geriebene Muskatnuss
1 Msp. gemahlene Nelken
1 EL Zitronensaft
1 EL Citroback
150 g gemahlene Mandeln

1. Den Zucker mit den Eiern schaumig rühren. Das Mehl darüber sieben und die übrigen Zutaten dazugeben. Alles schnell zu einem Teig verkneten.

2. Den Backofen auf 180 °C vorheizen. Eine Arbeitsfläche mit Mehl bestreuen und den Teig darauf etwa 2 mm dick ausrollen.

3. Runde Plätzchen von ca. 4 cm Ø ausstechen, diese zu kleinen Kugeln formen und etwas flach drücken. Auf ein mit Backpapier belegtes Blech legen und im Ofen etwa 15 Minuten backen.

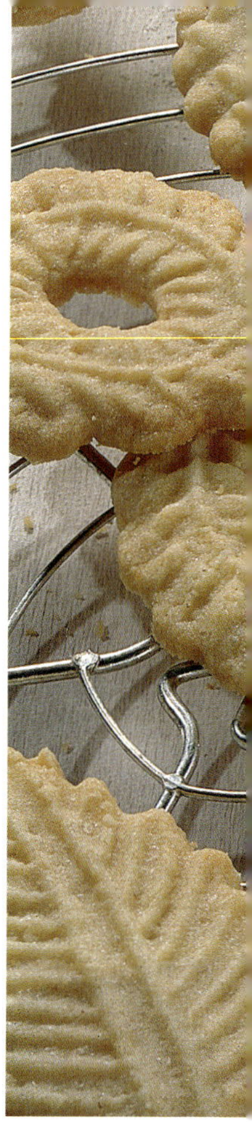

Spekulatius

Für 50 Stück • Zubereitungszeit: ca. 1 1/4 Stunden
Ruhezeit: ca. 1 Stunde • Backzeit: ca. 10 Minuten
Pro Stück ca. 45 kcal • 7 g KH • 2 g Fett • 30 % Fettkalorien

1/2 TL Hirschhornsalz

3 EL Kaffeesahne (10 % F.)

250 g Mehl

1 TL gemahlener Zimt

1/2 TL gemahlener Kardamom

1 Msp. gemahlener Ingwer

1 Msp. abgeriebene Pomeranzenschale

70 g Margarine

150 g Zucker

1 Päckchen Vanillezucker

1 Ei

1. Das Hirschhornsalz in der Kaffeesahne auflösen.

2. Das Mehl mit den Gewürzen mischen und auf ein Backbrett geben. In die Mitte eine Vertiefung drücken und in diese Margarineflöckchen, Zucker, Vanillezucker, Ei und das aufgelöste Hirschhornsalz geben.

3. Alles zu einem glatten Teig verarbeiten, in Alufolie einwickeln und im Kühlschrank etwa 1 Stunde ruhen lassen.

4. Den Backofen auf 200 °C vorheizen. Ein Backblech mit Backtrennpapier auslegen.

5. Die Arbeitsplatte mit Mehl bestreuen und den Teig darauf ausrollen. Mit einer Spekulatiusrolle oder Förmchen die Spekulatius ausstechen und auf das Backblech legen.

6. Die Spekulatius auf der mittleren Schiene etwa 10 Minuten backen und anschließend auf einem Kuchengitter abkühlen lassen.

Spekulatius

Zimtschäumle

Für 45 Stück • Zubereitungszeit: ca. 15 Minuten • Backzeit: ca. 2 1/2 Stunden
Pro Stück ca. 6 kcal • 1 g KH • 0 g Fett • 0% Fettkalorien

2 Eiweiß
60 g Zucker
1 TL Citroback
1 TL gemahlener Zimt

1. Das Eiweiß leicht schlagen. Den Zucker langsam einrieseln lassen und weiterschlagen, bis das Eiweiß eine cremig-schnittfeste Konsistenz hat. Dann das Citroback und den Zimt unterrühren.

2. Die Masse in einen Spritzbeutel füllen und mit Abstand Häufchen auf ein mit Backtrennpapier ausgelegtes Backblech spritzen. Im vorgeheizten Backofen bei 100 °C etwa 2 1/2 Stunden trocknen lassen.

Tipp Der Spritzbeutel muss kalt sein, damit sich die Eiweiß-Zuckermasse beim Aufspritzen nicht trennt.

Pfeffernüsse

Für 44 Stück • Zubereitungszeit: ca. 1 Stunde • Kühlzeit: ca. 1 Stunde • Backzeit: ca. 20 Minuten
Pro Stück ca. 60 kcal • 10 g KH • 2 g Fett • 30 % Fettkalorien

90 g weiche Butter
50 g flüssiger Honig
100 g Zucker
1 kleines Ei
1 TL Citroback
30 g Orangeat
30 g Zitronat
Salz
250 g Mehl
1 TL Backpulver
1/2 TL gemahlener Zimt
1/2 TL gemahlene Nelken
1/2 TL gemahlener Ingwer
1/2 TL gemahlener weißer Pfeffer
70 g Puderzucker
1 EL brauner Rum
1 TL Zitronensaft
rote Lebensmittelfarbe

1. Butter, Honig und Zucker mit dem Handrührgerät schaumig rühren. Das Ei, eine Prise Salz und Citroback unterrühren.

2. Orangeat und Zitronat fein hacken und zur Buttermischung geben. Mehl, Backpulver und Gewürze dazusieben und alles zu einem glatten Teig verkneten.

3. Den Teig in 2 gleich große Stücke teilen und diese auf der bemehlten Arbeitsfläche zu je 40 cm langen Rollen formen. Die Teigrollen für etwa 1 Stunde in den Kühlschrank legen.

4. Den Backofen auf 180 °C vorheizen. Ein Backblech mit Trennpapier auslegen. Die Teigrollen in je etwa 22 Scheiben schneiden.

5. Die Teigscheiben auf das Backblech legen und mit dem Daumen leicht eindrücken. Auf der zweiten Einschubleiste von unten etwa 20 Minuten backen. Die Pfeffernüsse mit dem Trennpapier vom Blech ziehen und auskühlen lassen.

6. Für die Glasur den Puderzucker mit Rum und Zitronensaft glatt rühren. Die Hälfte der Pfeffernüsse mit der Hälfte der Glasur bestreichen. Den Rest der Glasur mit der Lebensmittelfarbe färben und die übrigen Pfeffernüsse damit überziehen. Die Glasur antrocknen lassen.

Honigkuchentaler

Für 50 Stück • Zubereitungszeit: ca. 2 Stunden
Kühlzeit: über Nacht • Gefrierzeit: ca. 1 Stunde • Backzeit: ca. 12 Minuten
Pro Stück ca. 100 kcal • 16 g KH • 3 g Fett • 27% Fettkalorien

FÜR DEN MÜRBETEIG:

250 g Mehl
100 g Puderzucker
100 g Butter
1 Prise Salz
1 Ei
1 Eigelb
1 Vanilleschote

FÜR DEN HONIGKUCHENTEIG:

250 g Honig
70 g Butter
50 g Puderzucker
1 TL gemahlener Zimt
1/2 TL gemahlener Kardamom
1 TL gemahlener Anis
1/2 TL gemahlene Nelken
1 Päckchen Citroback
1/2 TL Pottasche
1 Ei
350 g Mehl
1–2 EL Honig zum Bestreichen

1. Für den Mürbeteig das Mehl und den Puderzucker in eine Schüssel sieben. Butter, Salz, Ei, Eigelb und das ausgekratzte Vanillemark dazugeben. Alles zügig zu einem geschmeidigen Teig verarbeiten und zu einer Kugel formen. Etwa 3 Stunden kalt stellen.

2. Für den Honigkuchenteig den Honig und die Butter so lange erwärmen, bis die Butter flüssig geworden ist. Den Puderzucker zu der Masse sieben und zusammen mit den Gewürzen und dem Citroback unterrühren. Etwas abkühlen lassen.

3. Die Pottasche in sehr wenig lauwarmem Wasser auflösen. Mit dem Ei und dem Mehl unter die Honigmasse geben und glatt rühren. Mindestens 6 Stunden, besser über Nacht kalt stellen.

4. Beide Teige jeweils zwischen 2 Lagen leicht bemehlter Klarsichtfolie zu einem Rechteck von 40 x 25 cm ausrollen. Von beiden Teigen die obere Klarsichtfolie abziehen.

5. Den Mürbeteig vorsichtig mit etwa 1 Esslöffel Wasser bestreichen. Den Honigkuchenteig mit der Teigseite nach unten auf den Mürbeteig legen, jetzt die oben liegende Klarsichtfolie abziehen.

6. Das doppelte Teigrechteck zu einer Rolle aufrollen. Dabei kann man die verbliebene untere Folie zu Hilfe nehmen. Die Rolle für 1 Stunde ins Gefrierfach legen.

7. Die Teigrolle in etwa 8 mm dünne Scheiben schneiden. Die Scheiben mit etwas Abstand auf ein mit Backtrennpapier ausgelegtes Backblech legen. Bei 170 °C auf der mittleren Schiene etwa 12 Minuten backen. Aus dem Ofen nehmen und sofort dünn mit Honig bestreichen.

Weihnachtsstollen

Für 40 Stück • Zubereitungszeit: ca. 1 Stunde
Gehzeit: ca. 1 1/4 Stunden • Backzeit: ca. 1 Stunde
Pro Stück ca. 120 kcal • 18 g KH • 4 g Fett • 26 % Fettkalorien

550 g Mehl
40 g Hefe
75 g Zucker
1/8 l Milch (1,5 % F.)
200 g Halbfettmargarine
1 Prise Salz
1 TL gemahlener Kardamom
1 TL gemahlener Zimt
1 Päckchen Orangeback
50 g gewürfeltes Zitronat
50 g gewürfeltes Orangeat
50 g Magerquark
250 g Rumrosinen
20 g Puderzucker
3 Päckchen Vanillezucker
20 g Butter

1. Das Mehl in eine Schüssel sieben, in die Mitte eine Mulde drücken und die Hefe hineinbröckeln. Einen Esslöffel Zucker dazugeben.

2. Die Milch erwärmen, in die Mulde gießen und rühren, bis sich die Hefe und der Zucker auflösen. Mit einem Viertel des Mehls zu einem Vorteig verrühren. Den Vorteig zugedeckt an einem warmen Ort etwa 15 Minuten gehen lassen.

3. Die Margarine zerlassen und etwas abkühlen lassen. Zucker, Salz, Gewürze, Orangeback, Zitronat, Orangeat und das restliche Mehl in den Vorteig einkneten. Den Quark unter die zerlassene Margarine rühren und ebenfalls in die Masse einkneten. Nochmals 30 Minuten gehen lassen.

4. Dann die Rumrosinen unterkneten. Den Teig auf einer bemehlten Arbeitsfläche glatt kneten und zu zwei gleich großen Rollen von etwa 3 cm Ø formen.

5. Die Rollen mit dem Nudelholz in der Mitte etwas dünner ausrollen. Die beiden Teighälften aufeinanderlegen und zusammendrücken.

6. Den Stollen auf ein mit Backtrennpapier ausgelegtes Backblech legen und nochmals 30 Minuten gehen lassen. Den Backofen auf 250 °C vorheizen. Den Stollen auf die zweite Einschubleiste von unten schieben. Die Backhitze auf 170 °C reduzieren und etwa 1 Stunde backen.

7. Den Puderzucker sieben und mit dem Vanillezucker vermischen. Die Butter zerlassen. Den Stollen noch warm mit der Butter bestreichen und in der Zuckermischung wälzen.

Brot und herzhaftes Gebäck

Brot und herzhaftes Gebäck
sind ganz einfach zu backen ...
und wir haben noch eine ganze
Reihe anderer appetitlicher
Anregungen für pikante
Backspezialitäten für Sie ...
lassen Sie sich überraschen.

Herzhafte Hefeschnecken

Für 12 Stück • Zubereitungszeit: ca. 30 Minuten
Gehzeit: ca. 50 Minuten • Backzeit: ca. 30 Minuten
Pro Stück ca. 127 kcal • 20 g KH • 3 g Fett • 23 % Fettkalorien

FÜR DEN TEIG:

300 g Mehl
1 TL Zucker
1 Prise Salz
1 Päckchen Trockenhefe
150 ml Wasser
40 g Halbfettmargarine

FÜR DIE FÜLLUNG:

1 rote Paprikaschote
1 kleine Zucchini
1 Zwiebel
1 EL Sonnenblumenöl
1 Knoblauchzehe
Salz
weißer Pfeffer aus der Mühle
1 Päckchen italienische TK-Kräuter
50 g Edamer, 30 % F., gerieben
2 EL Kaffeesahne, 4 % F.

1. Das Mehl mit der Hefe mischen, die restliche Zutaten für den Teig zufügen, mit den Knethaken des Handrührgeräts oder mit den Händen unterkneten. Den Teig zugedeckt an einem warmen Ort mindestens 30 Minuten gehen lassen, bis er sich sichtbar vergrößert hat.

2. Die Paprikaschote putzen, waschen, halbieren und die Kerne entfernen. Die Zucchini putzen und waschen. Die Zwiebel abziehen. Das Gemüse fein würfeln. Das Öl in einer beschichteten Pfanne erhitzen, das Gemüse zufügen und andünsten. Die Knoblauchzehe abziehen, durchpressen und mitdünsten. Mit Salz und Pfeffer abschmecken und abkühlen lassen.

3. Den Teig zu einem etwa 30 x 20 cm großen Rechteck ausrollen. Das Gemüse darauf verteilen und den Käse darüberstreuen.

4. Die Teigplatte von der schmalen Seite her aufrollen und in 12 ca. 1,5 cm breite Stücke schneiden.

5. Die Schnecken auf ein mit Backpapier ausgelegtes Backblech legen, mit der Kaffeesahne bestreichen und nochmals etwa 20 Minuten gehen lassen. Im vorgeheizten Backofen bei 200 °C ca. 25–30 Minuten backen.

Kartoffelbrot

Für 1 Brot/25 Scheiben • Zubereitungszeit: ca. 25 Minuten
Ruhezeit: ca. 30 Minuten • Backzeit: ca. 50 Minuten
Pro Scheibe ca. 134 kcal • 23 g KH • 3 g Fett • 20% Fettkalorien

700 ml Milch (1,5% F.)

1 Päckchen Kloßteigpulver für rohe Klöße (8 Stück)

500 g Mehl

1 Ei

2 EL Öl

2 TL Salz

3 TL Zucker

40 g Hefe

1. Die Milch zum Kochen bringen, das Kloßteigpulver damit übergießen, gut verrühren und die Mischung etwas abkühlen lassen.

2. Mehl, Ei, Öl, Salz und Zucker in eine Rührschüssel geben, die fein zerbröckelte Hefe und die Kloßmasse gleichmäßig darüber verteilen.

3. Alle Zutaten mit den Knethaken des Handrührgeräts zuerst auf niedriger Stufe und dann auf höchster Stufe so lange verkneten, bis sich der Teig von der Schüsselwand löst.

4. Den Teig an einem warmen Ort etwa 30 Minuten zugedeckt gehen lassen. Den Backofen auf 225 °C vorheizen.

5. Den Teig nochmals kurz durchkneten, zu einem Brotlaib formen, diesen auf ein mit Backpapier belegtes Backblech setzen. Das Kartoffelbrot im heißen Ofen auf der mittleren Schiene 45 bis 50 Minuten backen.

Tipp Dazu schmeckt Schnittlauchquark sehr gut. Für 4 Portionen 250 g Cremequark (0,2% F.) mit einigen Esslöffeln fettarmer Milch und 2 Bund Schnittlauch, in Röllchen geschnitten, verrühren. Mit Salz und Knoblauch würzen.

Kartoffelbrot

Quarkbrötchen mit Kernen

Für 20 Brötchen • Zubereitungszeit: ca. 15 Minuten • Backzeit: ca. 20 Minuten
Pro Stück ca. 210 kcal • 28 g KH • 6 g Fett • 26 % Fettkalorien

125 g Halbfettmargarine

2 Eier

1 TL Salz

500 g Magerquark

125 ml Milch (1,5 % F.)

750 g Mehl

2 Päckchen Backpulver

100 g Sonnenblumenkerne, geschält

1. Die Margarine flüssig werden lassen und mit den Eiern, dem Salz, dem Quark und der Milch glatt rühren. Das Mehl mit dem Backpulver vermischen und unterkneten. Die Sonnenblumenkerne unter den Teig kneten.

2. Den Backofen auf 200 °C vorheizen. Den Teig halbieren, auf der bemehlten Arbeitsfläche daraus zwei Stränge rollen und diese in jeweils 10 gleichgroße Stücke schneiden. Aus jedem Teil ein Brötchen formen und auf ein mit Backpapier belegtes Backblech legen.

3. Im Ofen ca. 20–25 Minuten goldbraun backen. Auf einem Kuchenrost auskühlen lassen.

Ciabatta

Für 2 Brote • Zubereitungszeit: ca. 30 Minuten • Kühlzeit: über Nacht
Ruhezeit: ca. 1 ½ Stunden • Backzeit: ca. 70 Minuten
Pro Brot ca. 1270 kcal • 134 g KH • 4 g Fett • 2 % Fettkalorien

15 g Hefe

3 TL Salz

750 g Weizenmehl Type 550

etwas Mehl für die Arbeitsfläche

1. Etwa 10 g Hefe in 300 ml lauwarmem Wasser auflösen. 600 g Mehl in eine Schüssel geben. Den Hefeansatz hinzufügen, alles mit einem Holzlöffel gut verrühren und die Schüssel verschließen. Den Teig im Kühlschrank etwa 16 Stunden (am besten über Nacht) gehen lassen.

2. Die restliche Hefe in 150 ml lauwarmem Wasser auflösen. Den Teig etwas auseinander reißen. Den Hefeansatz, das restliche Mehl und das Salz auf den Teig geben und alles in der Schüssel mit den Händen etwa 10 Minuten kneten. Der Teig ist zunächst recht feucht, wird dann aber zunehmend elastischer und löst sich von der Schüsselwand.

3. Den Teig zugedeckt an einem warmen Ort etwa 30 Minuten gehen lassen. Dann den Teig auf einer bemehlten Arbeitsfläche mit den Händen nochmals kurz durchkneten und weitere 30 Minuten an einem warmen Ort gehen lassen.

4. Den Teig in 2 Hälften teilen. Die Teigstücke etwas in die Länge ziehen und auf 2 mit Backpapier ausgelegte Backbleche legen.

5. Den Teig mit Mehl bestäuben und mit den Händen wieder ein wenig in die Länge ziehen, mit den Fingerkuppen etwas eindrücken und noch einmal etwa 30 Minuten gehen lassen.

6. Den Backofen auf 220 °C vorheizen. Die Brote nacheinander im heißen Ofen auf der mittleren Schiene jeweils etwa 35 Minuten backen.

Tipp Ein köstlicher Snack ist Bruschetta: Dazu Tomatenstücke mit durchgepresstem Knoblauch, Pfeffer, Salz, italienischer Kräutermischung und frisch gehacktem Basilikum vermischen. Ciabattabrotscheiben leicht rösten und mit der Tomatensauce bestreichen.

Kerniges Kürbisbrot

Für 2 Brote à 20 Scheiben • Zubereitungszeit: ca. 25 Minuten • Backzeit: ca. 1 Stunde • Gehzeit: ca. 1 Stunde
Pro Scheibe ca. 131 kcal • 22 g KH • 3 g Fett • 21 % Fettkalorien

1 kg Kürbisfruchtfleisch, in kleine Stücke geschnitten

2 EL Wasser

1 kg Weizenmehl Type 550

1 1/2 Würfel Hefe

1 gestrichener TL Salz

6 EL flüssiger Honig

150 g Halbfettmargarine

40 g Pistazien

60 g Kürbiskerne

1. Das Kürbisfruchtfleisch im Wasser ca. 12 Minuten weich kochen, dann pürieren und abkühlen lassen.

2. Die Hefe zerbröseln, im Fruchtfleisch auflösen und mit dem Salz, dem Honig und der Halbfettmargarine zum Mehl geben. Alle Zutaten zu einem glatten, elastischen Teig verkneten. Falls der Teig noch klebt, etwas Mehl hinzufügen. Den Teig zu einer Kugel formen und mit einem Küchenhandtuch abgedeckt an einem warmen Ort ca. 45 Minuten gehen lassen, dann nochmals gut durchkneten. Die Pistazien und gut die Hälfte der Kürbiskerne unterkneten.

3. Zwei 30 cm lange Kastenformen mit Backpapier auslegen, den Teig hineinfüllen und mit nassen Händen glatt streichen. Mit den restlichen Kürbiskernen bestreuen. Die Brote nochmals abdecken und an einem warmen Ort ca. 15 Minuten gehen lassen.

4. Die Brote auf der untersten Einschubleiste in den kalten Backofen schieben und bei 200 °C etwa 1 Stunde backen. In der Form kurz abkühlen lassen, auf ein Kuchengitter stürzen und vor dem Anschneiden gut auskühlen lassen.

Ciabatta

Möhrenbrot

Für 1 Brot à 20 Scheiben • Zubereitungszeit: ca. 15 Minuten
Backzeit: ca. 55 Minuten • Gehzeit: ca. 4 Stunden
Pro Scheibe ca. 113 kcal • 19 g KH • 3 g Fett • 20 % Fettkalorien

500 g Weizenmehl Type 1050
175–200 ml Wasser, warm
75 g Joghurt, 1,5 % F.
1/2 Würfel Hefe
1 EL Honig
1 TL Salz
1/2 TL Koriander
35 g Halbfettmargarine
200 g Möhren, grob geraspelt
50 g Sonnenblumenkerne
1 Eiweiß

1. Die Hefe zerbröckeln, im warmen Wasser auflösen, mit dem Honig und dem Joghurt vermischen.

2. Mehl, Salz und Koriander mischen. Den Hefeansatz und die Margarine dazugeben und alles gut verkneten. Den Teig mit einem Küchentuch abgedeckt an einem warmen Ort ca. 3 Stunden gehen lassen, bis er sich verdoppelt hat.

3. Den Teig auf einer bemehlten Arbeitsfläche kräftig durchkneten. Die Möhren und die Hälfte der Sonnenblumenkerne unter den Teig kneten.

4. Einen ovalen Laib formen, auf ein mit Backpapier ausgelegtes Backblech legen und nochmals 1 Stunde gehen lassen.

5. Das Brot mit Eiweiß bestreichen und mit den restlichen Sonnenblumenkernen bestreuen. Im vorgeheizten Backofen bei 250 °C zunächst 10 Minuten backen, dann auf 200 °C weitere 45 Minuten fertig backen. In der Form kurz abkühlen lassen, auf ein Kuchengitter stürzen und vor dem Anschneiden gut auskühlen lassen.

Tipp Eine 30 cm lange Kastenform mit Backpapier auslegen und den Teig hineingeben. Die Form einige Male fest auf dem Tisch aufschlagen. Dann wie im Rezept beschrieben fortfahren.

Möhrenbrot

Olivenbrot mit Oregano

Für 10 Personen • Zubereitungszeit: ca. 3 Stunden • Backzeit: 30–45 Minuten
Pro Portion ca. 350 kcal • 58 g KH • 9 g Fett • 22 % Fettkalorien

400 ml lauwarmes Wasser
1 Würfel frische Hefe
1 TL Salz
1 TL Zucker
3 EL Olivenöl
50 g Joghurt (1,5 % F.)
800 g Mehl
100 g schwarze Oliven
100 g grüne Oliven
5 EL Oregano

1. Aus 200 ml Wasser, Hefe, Salz, Zucker, Olivenöl, Joghurt und 200 g Mehl einen Hefeteigansatz herstellen und zugedeckt 30 Minuten an einem warmen Ort gehen lassen.

2. In der Zwischenzeit die Oliven halbieren oder vierteln.

3. Das restliche Mehl zu dem Teig geben und mit dem restlichen Wasser einen lockeren Teig herstellen. Den Teig eine Stunde zugedeckt an einem warmen Ort gehen lassen.

4. Den Backofen auf 50 °C vorheizen. Die Oliven und den Oregano zum Teig geben, noch einmal kräftig durchkneten, zu einem Brot formen und auf ein mit Backpapier belegtes Backblech legen.

5. Das Blech auf mittlerer Schiene in den Backofen schieben und noch einmal 30 Minuten ruhen lassen.

6. Den Backofen auf 200 °C stellen und je nach Teighöhe 30 bis 45 Minuten ausbacken.

Tipp Wenn Sie das Brot gelegentlich mit Wasser bestreichen, wird es knuspriger.

Sommerliches Tomatenbrot

Für 1 Brot à 20 Scheiben • Zubereitungszeit: ca. 15 Minuten
Backzeit: ca. 40 Minuten • Gehzeit: ca. 30 Minuten
Pro Scheibe ca. 105 kcal • 17 g KH • 3 g Fett • 22 % Fettkalorien

250 ml lauwarmes Wasser

2/3 Würfel frische Hefe

1 EL Honig

500 g frisch gemahlenes Vollkornmehl

1 Zwiebel, fein gewürfelt

1 Knoblauchzehe, gepresst

1 EL Sonnenblumenöl

3 EL Tomatenmark

1 gehäufter TL Kräutersalz

3 EL Olivenöl

400 g reife Tomaten

1 Bund Basilikum, gehackt

1. Aus 100 ml Wasser, Hefe, Honig und ein wenig Mehl einen Vorteig anrühren und 15 Minuten an einem warmen Ort gehen lassen.

2. Zwiebel und Knoblauch im Sonnenblumenöl andünsten. Das Tomatenmark zugeben und kurz mitbraten. Die Mischung salzen und mit 150 ml Wasser, dem restlichen Mehl und dem Olivenöl zum Vorteig geben und alles zu einem trockenen, krümeligen Teig verkneten.

3. Den Backofen auf 225 °C vorheizen. Die Tomaten kreuzweise einschneiden, überbrühen, häuten, entkernen, grob würfeln und mit dem Basilikum unter den Teig kneten. Fühlt sich der Teig feucht und glitschig an, ist er genau richtig.

4. Eine 30 cm lange Kastenform mit Backpapier auslegen und den Teig hineingeben. Die Form einige Male fest auf dem Tisch aufschlagen. Den Teig vor dem Backen nochmals 15 Minuten an einem warmen Ort gehen lassen.

5. Das Brot auf der 2. Schiene von unten erst 15 Minuten bei 225 °C, dann weitere 25–30 Minuten bei 200 °C backen. Hört sich das Brot beim Daraufklopfen hohl an, ist es gar. Das Brot zum Abkühlen auf einen Rost legen und mit einem Küchentuch abdecken.

Pizzatasche mit Mangold und Ricotta

Für 1 große Calzone • Zubereitungszeit: ca. 1 Stunde
Gehzeit: ca. 45 Minuten • Backzeit: ca. 35 Minuten
Pro Calzone ca. 1220 kcal • 157 g KH • 40 g Fett • 30 % Fettkalorien

FÜR DEN TEIG:

200 g Weizenmehl

1/2 TL Salz

10 g frische Hefe

1 EL Olivenöl

1 EL geh. Petersilie

FÜR DIE FÜLLUNG:

500 g Mangold

1 kleine Zwiebel

1 Knoblauchzehe

250 g frische Champignons

2 TL Olivenöl

50 g Ricotta (ersatzweise körniger Frischkäse)

50 g Mozzarella

1. Für den Teig das Mehl mit dem Salz mischen. In die Mitte eine Vertiefung drücken, die Hefe hineinbröckeln und mit 50 ml Wasser verrühren. Den Vorteig zugedeckt etwa 15 Minuten gehen lassen.

2. Den Vorteig mit 50 ml Wasser und Öl verkneten und nochmals zugedeckt an einem warmen Ort etwa 30 Minuten gehen lassen. Den Backofen auf 225 °C vorheizen.

3. Den Teig nochmals durchkneten und dabei die Petersilie einarbeiten. Den Teig auf einer bemehlten Arbeitsfläche kreisförmig (Ø ca. 30 cm) ausrollen und auf ein mit Backpapier ausgelegtes Backblech legen.

4. Den Mangold putzen, waschen und in feine Streifen schneiden. Die Zwiebel und den Knoblauch schälen und fein würfeln. Die Champignons putzen und in Scheiben schneiden. 1/2 Esslöffel Olivenöl erhitzen. Mangold, Zwiebel- und Knoblauchwürfel und die Chamignons dazugeben und etwas anschmoren.

5. Das Gemüse mit Salz und Pfeffer kräftig würzen. Den Ricotta mit einer Gabel zerdrücken, den Mozzarella in kleine Würfel schneiden und beides unter die Mangoldmasse mischen.

6. Den Teig bis zur Hälfte mit der Füllung belegen, dabei jedoch einen 2 cm breiten Rand lassen. Die andere Hälfte über die Füllung klappen und den Rand fest andrücken. Die Oberfläche mit dem restlichen Öl bepinseln und die Calzone etwa 35 Minuten backen.

Bagels

Für 16 Bagels • Zubereitungszeit: ca. 45 Minuten
Ruhezeit: ca. 2 Stunden • Backzeit: ca. 15 Minuten
Pro Stück ca. 137 kcal • 103 g KH • 1 g Fett • 8 % Fettkalorien

20 g Hefe
4 EL Zucker
290 ml lauwarme Milch (1,5 % F.)
500 g Weizenmehl Type 405
2 EL Öl
½ TL Salz
etwas Mehl für die Arbeitsfläche

1. Die Hefe und 2 EL Zucker in der Milch auflösen. Das Mehl in eine Schüssel geben, den Hefeansatz, das Öl und das Salz dazugeben. Alles mit den Knethaken des Handrührgeräts zu einem glatten Teig verkneten.

2. Den Teig auf einer bemehlten Arbeitsfläche mit den Händen etwa 10 Minuten kneten, bis er geschmeidig ist, dann in eine Schüssel legen und zugedeckt an einem warmen Ort etwa 1 Stunde gehen lassen. Das Volumen sollte sich verdoppeln.

3. Den Teig auf einer bemehlten Arbeitsfläche nochmals kurz durchkneten und in 16 Stücke teilen. Jedes Stück zu einer etwa 20 cm langen, daumendicken Rolle formen und diese zu einem Ring schließen.

4. Die Teigringe auf Backpapier legen und etwa 1 Stunde gehen lassen. Ihr Volumen sollte sich erneut verdoppeln und die Bagels müssen schön prall sein. Den Backofen auf 240 °C vorheizen.

5. In einem großen Topf reichlich Wasser mit den restlichen 2 EL Zucker zum Kochen bringen. 2 Bagels ins Wasser geben und etwa 20 Sekunden brühen, dabei einmal mit einem Schaumlöffel wenden. Die Bagels quellen leicht auf.

6. Die Bagels mit einem Schaumlöffel herausnehmen und auf ein mit Backpapier belegtes Backblech setzen. Auf diese Weise auch die anderen Bagels brühen.

7. Die Bagels im heißen Ofen auf der zweiten Schiene von unten in 10 bis 15 Minuten hellbraun backen.

Tipp Bagels kann man herzhaft oder süß belegen, und sie sind eine attraktive Variante für einen Snack zum Mitnehmen.

Gefüllte Glücksschweinchen

Für 4 Stück • Zubereitungszeit: ca. 30 Minuten
Gehzeit: ca. 50 Minuten • Backzeit: ca. 20 Minuten
Pro Stück ca. 483 kcal • 74 g KH • 10 g Fett • 18 % Fettkalorien

Für den Teig:

375 g Weizen-Vollkornmehl

1 Päckchen Trockenbackhefe

1 TL Zucker

1 TL Salz

1 Ei (Größe M)

100 g Joghurt, 1,5 % F.

100 ml handwarme Milch, 1,5 % F.

Für die Füllung:

50 g gekochter Schinken ohne Fettrand

100 g Mais und Erbsen aus der Dose

1 kleine Zwiebel

1 EL Petersilie, gehackt

1 EL Crème fraîche

50 g Edamer, 30 % F., gerieben

weißer Pfeffer aus der Mühle

4 gefüllte Oliven zum Verzieren

1. Das Mehl in eine Rührschüssel geben und sorgfältig mit der Hefe vermischen. Die übrigen Zutaten hinzufügen und alles mit einem Handrührgerät (Knethaken) kurz auf niedrigster Stufe verrühren, dann auf höchster Stufe in etwa 5 Minuten zu einem glatten Teig verarbeiten. Den Teig abgedeckt an einem warmen Ort so lange gehen lassen, bis er sich sichtbar vergrößert hat (ca. 30 Minuten).

2. Den Schinken fein würfeln. Den Mais und die Erbsen abtropfen lassen. Die Zwiebel abziehen und fein hacken. Alles mit der Petersilie, der Créme fraîche und dem Käse vermischen und mit etwas Pfeffer würzen.

3. Den Teig ca. 3 mm dünn ausrollen und acht Kreise von jeweils ca. 10 cm Ø ausstechen. Ein Backblech mit Backpapier auslegen und vier Teigkreise darauf legen. Die Füllung so darauf verteilen, dass rundherum ein sauberer Rand bleibt.

4. Das Ei trennen. Die Teigränder mit dem Eiweiß bepinseln, die übrigen Teigkreise als Deckel darauf legen und am Rand leicht zusammendrücken. Das Eigelb mit 1 EL Wasser verrühren und die vier Teigstücke damit bestreichen.

5. Aus dem restlichen Teig 4 Kreise von jeweils ca. 5 cm Ø ausstechen, als Schnauze in die Mitte der großen Teigstücke setzen und mit einem Schaschlikspieß die Nasenlöcher andeuten. Die Oliven halbieren und als Augen in den Teig drücken. Jeweils 2 tropfenförmige Teigohren formen und ansetzen. Ohren und Schnauze mit dem Eigelb bestreichen und den Teig nochmals gehen lassen, bis er sich sichtbar vergrößert hat. Im auf 225 °C vorgeheizten Backofen ca. 15–20 Minuten goldbraun backen.

Teigtaschen mit Spinat und Feta-Käse

Für 9 Stück • Zubereitungszeit: ca. 30 Minuten
Backzeit: ca. 15 Minuten
Pro Stück ca. 150 kcal • 18 g KH • 5 g Fett • 29 % Fettkalorien

Für den Teig:

50 g Halbfettmargarine
125 g Magerquark
5 EL Milch, 1,5 % F.
1/2 TL Salz
200 g Weizenmehl Type 550
3 EL Haferkleie
2 TL Backpulver

Für die Füllung:

4 Zweige frisches Basilikum
1 Zwiebel
1 Knoblauchzehe
2 EL Mineralwasser
100 g Feta-Käse, 40 % F.
100 g TK-Blattspinat, aufgetaut
2 EL Kaffeesahne, 4 % F.

1. Die Margarine schaumig rühren, den Quark, die Milch und das Salz zufügen und verrühren. Das Mehl, die Kleie und das Backpulver mischen, zur Quarkmasse geben und alles mit den Knethaken zu einem Teig verarbeiten.

2. Die Basilikumblätter abzupfen und in dünne Streifen schneiden. Die Zwiebel und den Knoblauch schälen, fein hacken und in einer beschichteten Pfanne im Mineralwasser andünsten. Den Käse in Würfel schneiden, mit dem Spinat zu den Zwiebeln geben, unter Rühren erhitzen. Das Basilikum unterrühren, mit Salz und Pfeffer abschmecken. Den Backofen auf 200 °C vorheizen.

3. Den Teig auf einer bemehlten Arbeitsfläche dünn ausrollen. Mit Hilfe einer Tasse oder eines Glases 9 Teigkreise von ca. 10 cm Ø ausstechen. Je 1 EL der Füllung in die Mitte der Kreise geben. Den Teig zusammenklappen und die Ränder rundherum mit den Zinkenspitzen einer Gabel zusammendrücken. Die Taschen mit der Kaffeesahne bestreichen.

4. Das Backblech mit Backpapier auslegen und die Teigtaschen darauf setzen. Im Backofen auf der mittleren Schiene etwa 15 Minuten goldbraun backen.

Tipp Die Teigtaschen vor dem Backen mit etwas Sesamsamen bestreuen.

Gemüse-Crostini

Für 4 Personen • Zubereitungszeit: ca. 30 Minuten • Backzeit: ca. 5 Minuten
Pro Person ca. 175 kcal • 22 g KH • 5 g Fett • 26% Fettkalorien

4 Tomaten
1 Aubergine
2 Knoblauchzehen
4 EL Basilikum, gehackt
Salz, Pfeffer, Chilipulver
1 Ciabattabrot
20 g Käse, 30 % F .i. Tr.

1. Die Tomaten über Kreuz einritzen, mit kochendem Wasser überbrühen, enthäuten und in Würfel schneiden. Die Aubergine schälen und würfeln.

2. Das Gemüse in der Pfanne ohne Fett anbraten. Knoblauch und Basilikum dazugeben und mit den Gewürzen abschmecken.

3. Den Backofen auf 180 °C vorheizen. Das Ciabatta in Scheiben schneiden, toasten, mit der Gemüsemasse bestreichen, den geriebenen Käse darüber streuen und auf der mittleren Schiene ca. 5 Minuten überbacken.

Teigtaschen mit Spinat und Feta-Käse

LowFett 30-Tabelle
zum Thema Backen

Getreide, Mehle und sonstige Mahlprodukte	Menge (g/ml)	kcal	Fett (g)	Kohlenhydrate (g)	Fettkalorien (%)
Amaranth	100	369	8,8	56,8	21,5
Buchweizen, Vollmehl	100	354	2,7	70,7	6,9
Cornflakes	100	500	0,0	100,0	0,0
Dinkel, Korn	100	324	2,7	63,2	7,5
Dinkel, Mehl	100	336	2,5	64,0	6,7
Gerste, Korn	100	315	2,1	63,3	6,0
Gersten, Vollkornmehl	100	348	1,9	72,0	4,9
Grünkern, Mehl	100	336	2,5	64,0	6,7
Hafer, Flocken (Vollkorn)	100	352	7,0	58,7	17,9
Hafer, Kleie	100	310	8,5	40,5	24,7
Hafer, Korn	100	337	7,1	55,7	19,0
Mais, Vollmehl	100	329	2,8	66,3	7,7
Paniermehl	100	349	0,1	72,0	0,3
Roggen, Korn	100	296	1,7	60,7	5,2
Roggen, Mehl, Type 1150	100	319	1,3	67,8	3,7
Sago, Tapioka (Cassave)	100	350	0,0	85,0	0,0
Sojaflocken, vollfett, 1 geh. EL	10	50	3,0	3,0	54,0
Sojamehl, halbfett, 1 geh. EL	15	50	1,0	4,0	18,0
Sojaschrot, 1 geh. EL	10	40	2,0	1,0	45,0
Speisekleie	100	176	4,3	16,3	22,0
Stärke, Kartoffel	100	336	0,1	83,1	0,3
Stärke, Mais	100	346	0,1	85,9	0,3
Stärke, Reis	100	343	0,0	85,0	0,0
Stärke, Weizen	100	347	0,1	86,1	0,3
Weizen, Gries, Couscous	100	328	1,0	69,0	2,7
Weizen, Kleie	100	178	4,7	18,0	23,8
Weizen, Korn	100	308	2,0	61,0	5,8
Weizen, Mehl Type 405	100	335	1,0	71,0	2,7
Wildreis	15	50	0,0	11,0	0,0
Dr. Oetker Gustin feine Speisestärke	100	346	0,1	85,9	0,3
Goldpuder Unser Bestes Auslese-Mehl	100	335	1,0	72,0	2,7
Goldpuder Unser Bestes Back-Mehl	100	340	1,0	72,0	2,7
Goldpuder Unser Bestes Roggen-Mehl	100	320	1,3	69,0	3,7
Hammermühle Back-Mix Mischbrot (glutenfrei)	100	339	0,3	84,0	0,8
Hammermühle Ei-Ersatz (glutenfrei)	100	555	40,0	50,0	64,9
Hammermühle Kuchen-Fix (glutenfrei)	100	376	1,6	87,0	3,8
Hammermühle Mehl-Mix hell (glutenfrei)	100	348	1,0	83,0	2,6
Schär Mix B (glutenfrei)	100	332	1,1	76,8	3,0
Schär Mix C (glutenfreie Küchenmehlmischung)	100	349	0,8	83,8	2,1

Backzutaten	Menge (g/ml)	kcal	Fett (g)	Kohlenhydrate (g)	Fettkalorien (%)
Ahornsirup, Grenadine, Fruchtsirup	100	275	0,0	65,0	0,0
Backpulver	100	88	0,0	23,5	0,0
Bäckerhefe	100	78	1,2	0,0	13,8
Bierhefe (getrocknet)	100	229	4,2	0,0	16,5
Bienenhonig im Durchschnitt	100	327	0,0	81,0	0,0
Hefe	100	83	2,3	12,0	24,9
Gelatine	100	338	0,1	0,0	0,3
Ingwer, Sirup	100	275	0,0	70,0	0,0
Kakaopulver, schwach entölt	100	340	24,0	11,0	63,5
Kandierte Früchte	100	250	0,0	62,0	0,0
Konfitüre im Durchschnitt	100	266	0,0	66,0	0,0
Kuvertüre	100	560	55,0	32,0	88,4
Marzipan	100	493	25,0	59,0	45,6
Nougat	100	500	24,0	66,0	43,2
Orangeat	100	305	1,0	74,0	3,0
Puddingpulver	100	349	0,0	86,0	0,0
Aranca Dr. Oetker	100	390	0,5	885,4	1,2
Paradiescreme Vanille Dr.Oetker	100	455	13,2	82,0	26,1
Sanddorn, Sirup, ungesüßt	100	50	0,0	5,0	0,0
Schokolade, milchfrei	100	479	30,0	47,0	56,4
Blockschokolade	100	550	32,0	62,0	52,4
Zartbitterschokolade	100	550	32,0	62,0	52,4
Sirup, Rübensirup	100	300	0,0	80,0	0,0
Tortenguß, gezuckert	100	359	0,1	88,2	0,3
Tortenguß	100	308	0,0	69,2	0,0
Vollmilchschokolade	100	526	30,0	56,0	51,3
Zitronat	100	285	1,0	70,0	3,2
Zucker	100	400	0,0	100,0	0,0
Zucker, Braun-	100	375	0,0	95,0	0,0
Zucker, Frucht-	100	400	0,0	100,0	0,0
Zucker, Vanille-	100	375	0,0	100,0	0,0
Dr. Oetker Backfeste Pudding Creme	100	380	0,1	95,0	0,2
Dr. Oetker Bourbon Vanille Zucker	100	381	0,0	94,9	0,0
Dr. Oetker Erdbeer-Sahne Tortencreme	100	387	0,2	86,1	0,5
Dr. Oetker Gezuckerter Tortenguß klar	100	380	0,1	93,6	0,2
Dr. Oetker Gezuckerter Tortenguß rot	100	380	0,1	93,6	0,2
Dr. Oetker Käse-Sahne Tortencreme mit Dekorzucker	100	394	0,0	89,0	0,0
Dr. Oetker Käsekuchen Hilfe	100	356	0,1	88,5	0,3
Dr. Oetker Mousse au Chocolat Tortencreme mit Schokoladenstückchen	100	406	12,5	60,6	27,7
Dr. Oetker Original Backin	100	89	0,0	22,0	0,0
Dr. Oetker Sahnesteif	100	365	0,0	91,2	0,0
Dr. Oetker Tortenguß klar	100	300	0,2	74,0	0,6
Dr. Oetker Tortenguß rot	100	300	0,2	74,0	0,6
Dr. Oetker Vanilin-Zucker	100	394	0,0	98,5	0,0
Dr. Oetker Vanilla Tortencreme	100	547	30,0	61,5	49,4
Goldpuder Haselnuss Füllung	100	470	22,4	60,0	42,9
Goldpuder Kokos Füllung	100	492	30,3	51,0	55,4
Goldpuder Mohn Füllung	100	420	19,8	50,0	42,4
Hammermühle Backoblaten	100	363	0,1	90,0	0,3
RUF Trockenbackhefe	100	335	2,5	26,0	6,7
RUF Zimt-Zucker	100	398	0,0	99,6	0,0
RUF Zitronenzucker	100	388	0,0	97,0	0,0
Schwartau 4 Back- und Speisefarben	100	238	0,9	60,0	3,4
Schwartau Citro-back	100	321	0,0	77,0	0,0
Schwartau Dekor Konfetti	100	423	5,0	93,8	10,6
Schwartau Dekor Taler fein & festlich	100	586	41,9	46,2	64,4
Schwartau Echte Belegkirschen rot	100	314	0,9	78,1	2,6
Schwartau Eiswunder	100	620	50,0	42,5	72,6

Backzutaten (Fortsetzung)	Menge (g/ml)	kcal	Fett (g)	Kohlenhydrate (g)	Fettkalorien (%)
Schwartau Feine Dekor Rosen	100	445	9,0	85,0	18,2
Schwartau Feine Marzipan Rohmasse	100	425	27,5	37,0	58,2
Schwartau Feine Schoko-Dekor Borke Zartbitter	100	476	27,3	48,6	51,6
Schwartau Früchte-Mix	100	292	0,0	72,0	0,0
Schwartau Gebäck-Schmuck	100	412	4,3	92,5	9,4
Schwartau Haselnuss Krokant	100	476	16,0	78,0	30,3
Schwartau Haselnüsse gehackt, gemahlen	100	709	65,0	13,0	82,5
Schwartau Hochfeine Marzipan Decke	100	433	15,2	67,8	31,6
Schwartau Kirsch-back	100	535	0,0	0,0	0,0
Schwartau Kuchenglasur dunkel	100	613	45,0	50,0	66,1
Schwartau Kuchenglasur Haselnuss	100	602	42,0	54,0	62,8
Schwartau Kuchenglasur Vollmilch	100	628	48,0	45,0	68,8
Schwartau Kuchenglasur Zitrone	100	603	43,0	50,7	64,2
Schwartau Kuvertüre Vollmilch	100	560	34,8	54,0	55,9
Schwartau Kuvertüre Weiß	100	572	36,5	54,0	57,4
Schwartau Kuvertüre Zartbitter	100	540	34,0	52,0	56,7
Schwartau Marzipan Rübli	100	432	14,5	70,0	30,2
Schwartau Mocca-Bohnen, Zartbitter-Schokolade	100	474	25,5	51,0	48,4
Schwartau Mohn-back	100	292	13,5	36,0	41,6
Schwartau Nussnougat	100	503	27,0	57,0	48,3
Schwartau Orange-back	100	302	0,0	76,0	0,0
Schwartau Orangeat	100	292	0,9	72,0	2,8
Schwartau Perlenzauber	100	384	0,9	95,3	2,1
Schwartau Raspelschokolade Vollmilch	100	493	25,4	57,3	46,4
Schwartau Raspelschokolade Zartbitter	100	454	27,2	46,6	53,9
Schwartau Rum Rosinen	100	248	0,9	51,0	3,3
Schwartau Rum-back	100	398	0,0	0,0	0,0
Schwartau Schoko Alphabet und Ziffern (Vollmilch)	100	590	41,6	49,0	63,5
Schwartau Schoko Dekor Blätter (Weiße Schokolade)	100	588	39,1	52,9	59,9
Schwartau Schoko Dekor Blätter (Zartbitter)	100	592	43,4	47,1	66,0
Schwartau Schoko Dekor Herzen zartbitter & weiß	100	590	46,8	44,2	71,4
Schwartau Schoko Dessert Röllchen Vollmilch	100	536	29,7	60,1	49,9
Schwartau Schoko Tröpfchen	100	440	18,0	65,0	36,8
Schwartau Schoko-Blättchen	100	426	15,6	65,7	33,0
Schwartau Schoko-Streusel	100	426	15,6	65,7	33,0
Schwartau Sukkade/Citronat	100	292	0,9	72,0	2,8
Schwartau Vanille-back	100	317	0,7	75,0	2,0
Schwartau Zucker Schrift (grün, gelb, rot, braun)	100	302	8,9	55,0	26,5
Schwartau Zucker Streusel bunt	100	437	7,8	91,5	16,1
Seeberger Kokosnuss geraspelt	100	606	62,0	6,4	92,1

Pudding und Soßen	Menge (g/ml)	kcal	Fett (g)	Kohlenhydrate (g)	Fettkalorien (%)
alpro soya Desserts Karamell 4 x 125 g	100	82	1,7	13,4	18,7
alpro soya Desserts Schoko 4 x 125 g	100	88	2,3	13,6	23,5
alpro soya Desserts Vanille 4 x 125 g	100	80	1,8	12,7	20,3
Götterspeise, Gelee, Trockenprodukt	100	313	0,0	12,5	0,0
Götterspeise, verzehrfertig mit Wasser	100	60	0,0	13,6	0,0
Rote Grütze, Trockenprodukt	100	332	0,0	83,0	0,0
Rote Grütze, verzehrfertig mit Wasser	100	85	0,0	21,0	0,0
Schoko-Pudding, Trockenprodukt	100	320	2,5	70,0	7,0
Schoko-Pudding, verzehrfertig mit Milch	100	127	3,5	21,0	24,8
Vanille-, Mandel-, Sahnepudding, Tr.-Pr.	100	346	0,0	86,0	0,0
Vanille-, Mandel-, Sahnepudding, verzehrfertig mit Milch	100	105	3,3	16,0	28,3
Vanillesoße, ohne Kochen	100	379	0,0	94,8	0,0
Schokoladensoße, ohne Kochen	100	364	2,0	82,6	4,9
Vanille-Soße, Trockenprodukt	100	338	0,0	84,0	0,0

Pudding und Soßen (Fortsetzung)	Menge (g/ml)	kcal	Fett (g)	Kohlenhy-drate (g)	Fettkalo-rien (%)
Dickmanns Schokoküsse	100	366	9,0	68,0	22,1
Vanille-Soße, verzehrfertig mit Milch	100	97	3,4	14,0	31,5

Speiseeis	Menge (g/ml)	kcal	Fett (g)	Kohlenhy-drate (g)	Fettkalo-rien (%)
Frubetto Joghurt Waldfrucht	100	151	2,5	29,0	14,9
Frubetto Joghurt Lemon-Apfel	100	149	2,4	29,0	14,5
Frubetto Buttermilch Pfirsich	100	153	2,3	30,0	13,5
Frubetto Buttermilch Kirsch-Erdbeer	100	153	2,4	30,0	14,1
Frubetto Joghurt Vanille Brombeer	100	172	3,5	31,0	18,3
Frubetto Quark Erdbeer-Rhabarber	100	150	2,8	28,0	16,8

Obst	Menge (g/ml)	kcal	Fett (g)	Kohlenhy-drate (g)	Fettkalo-rien (%)
Acerola, roh	100	16	0,2	2,6	11,3
Ananas, roh	100	55	0,2	12,4	3,3
Apfel, ungeschält, roh	100	54	0,6	11,4	10,0
Apfelsine, roh /Orange	100	42	0,2	8,3	4,3
Banane, roh	100	94	0,2	21,4	1,9
Birne, roh	100	55	0,3	12,7	4,9
Boysenberries	100	30	0,0	7,0	0,0
Brombeere, roh	100	44	1,0	6,2	20,5
Cherimoya	100	63	0,3	13,6	4,3
Cocktailkirsche, 1 Stück	3	8	0,0	2,0	0,0
Erdbeere, roh	100	32	0,4	5,5	11,3
Feige, roh	100	60	0,4	12,9	6,0
Granatapfel, roh	100	74	0,6	16,7	7,3
Grapefruit, roh	100	45	0,2	7,5	4,0
Guave, roh	100	28	0,5	6,0	16,1
Heidelbeeren, roh	100	37	0,6	6,1	14,6
Himbeeren, roh	100	33	0,3	4,8	8,2
Honigmelone, roh - Fruchtfleisch	100	54	0,1	12,4	1,7
Johannisbeeren, rot	100	33	0,2	4,9	5,5
Johannisbeeren, schwarz	100	39	0,2	6,1	4,6
Kaki	100	72	0,3	16,5	3,8
Karambole	100	23	0,5	3,5	17,6
Kirsche, sauer	100	53	0,5	9,9	8,5
Kirsche, süß	100	63	0,3	13,3	4,3
Kiwi	100	53	0,6	10,8	9,5
Limone, Limette	100	32	2,2	1,9	61,9
Litchi	100	75	0,3	17,0	3,6
Mango	100	59	0,5	12,8	7,6
Mirabellen	100	67	0,2	15,0	2,7
Moosbeere, roh	100	35	0,7	3,9	18,0
Nektarine, ohne Stein	100	53	0,0	12,4	0,0
Papaya, roh	100	32	0,1	7,1	2,8
Passionsfrucht, ohne Schale	100	63	0,4	9,5	5,7
Pfirsich	100	43	0,1	9,4	2,1
Pflaumen	100	49	0,2	10,2	3,7
Preiselbeere	100	35	0,5	6,2	12,9
Rhabarber, gekocht (ohne Zutaten)	100	11	0,1	1,0	8,2
Rharbarber, roh	100	13	0,1	1,4	6,9
Sanddornbeere	100	89	7,1	3,3	71,8
Stachelbeere	100	37	0,2	7,0	4,9
Wassermelone	100	37	0,2	8,3	4,9

Obst (Fortsetzung)	Menge (g/ml)	kcal	Fett (g)	Kohlenhydrate (g)	Fettkalorien (%)
Weintrauben	100	68	0,3	15,2	4,0
Zitrone, roh, geschält	100	36	0,6	3,2	15,0

Trockenobst	Menge (g/ml)	kcal	Fett (g)	Kohlenhydrate (g)	Fettkalorien (%)
XOX Apfelchips	100	300	0,9	72,0	2,7
Apfel, getrocknet (geschwefelt)	100	255	1,6	57,0	5,6
Aprikosen, getrocknet	100	240	0,5	47,9	1,9
Banane, getrocknet	100	326	0,8	75,2	2,2
Dattel, getrocknet	100	277	0,5	65,2	1,6
Feige, getrocknet	100	247	1,3	54,0	4,7
Korinthen	25	65	0,0	16,0	0,0
Pfirsichschnitze	25	60	0,0	13,0	0,0
Pflaume	6	15	0,0	3,0	0,0
Rosinen/Sultaninen	25	70	0,0	16,0	0,0
Rum-Rosinen	25	60	0,0	17,0	0,0
Studentenfutter	25	125	7,0	12,0	50,4
Sultaninen, getrocknet	100	266	0,0	64,7	0,0
Seeberger Ananasstücke gezuckert	100	255	0,1	64,0	0,4
Seeberger Bananenchips	100	525	31,0	59,0	53,1
Seeberger Bananenstücke	100	384	1,8	82,0	4,2
Seeberger Caribic Royal	100	357	11,0	58,0	27,7
Seeberger Datteln entsteint	100	276	0,5	65,0	1,6
Seeberger Delikatess-Feigen, Feigen Pulled	100	250	1,3	55,0	4,7
Seeberger Delikatess-Mischobst	100	244	0,7	56,0	2,6
Seeberger Korinthen extra/Sultaninen extra	100	271	0,5	62,0	1,7
Seeberger Pflaumen extra groß	100	222	0,6	53,0	2,4
Seeberger Soft-Aprikosen	100	199	0,4	40,0	1,8
Seeberger Soft-Feigen	100	211	1,1	46,0	4,7

Obst aus Dose oder Glas	Menge (g/ml)	kcal	Fett (g)	Kohlenhydrate (g)	Fettkalorien (%)
Ananas, in Dosen	100	84	0,2	20,2	2,1
natreen Ananas-Stücke	100	36	0,4	8,0	10,0
natreen Apfelkompott mit Stücken	100	39	0,1	8,9	2,3
natreen Aprikosen	100	28	0,1	5,5	3,2
natreen Fruchtcocktail	100	39	0,2	8,7	4,6
natreen Pfirsiche	100	28	0,1	6,1	3,2
natreen Rhabarberkompott	100	47	0,1	10,2	1,9
natreen Rote Grütze	100	49	0,2	10,4	3,7
natreen Schattenmorellen	100	34	0,3	6,4	7,9
natreen Süßkirschen	100	40	0,2	8,6	4,5
natreen Wald-Heidelbeeren	100	19	0,3	3,2	14,2
natreen Williams Christ-Birne	100	36	0,2	8,0	5,0

Säfte	Menge (g/ml)	kcal	Fett (g)	Kohlenhydrate (g)	Fettkalorien (%)
Ananassaft	100	53	0,1	12,0	1,7
Apfelsaft	100	57	0,0	11,7	0,0
Apfelsinensaft, frisch gepresst	100	46	0,2	9,4	3,9
Apfelsinensaft, Konzentrat	100	212	1,5	47,1	6,4
Aprikosennektar, ca. 40% Fruchtanteil	100	60	0,1	14,4	1,5

Säfte (Fortsetzung)	Menge (g/ml)	kcal	Fett (g)	Kohlenhydrate (g)	Fettkalorien (%)
Birnennektar, 40% Fruchtanteil	100	55	0,2	12,9	3,3
Brombeersaft	100	38	0,6	7,8	14,2
Grapefruitsaft	100	36	0,1	7,2	2,5
Himbeersaft, frisch gepreßt	100	28	0,0	5,5	0,0
Holunderbeerensaft,schwarz	100	38	0,0	6,8	0,0
Johannisbeernektar, rot	100	61	0,0	12,4	0,0
Mandarinensaft, ungesüßte Handelsware	100	44	0,2	10,1	4,1
Rote-Beete-Saft	100	36	0,0	8,0	0,0
Sanddorn, Vollfruchtkonzentrat	100	240	0,0	60,0	0,0
Sanddornbeerensaft	100	40	2,3	1,2	51,8
Weintraubensaft	100	68	0,0	16,6	0,0
Zitronensaft	100	27	0,1	2,4	3,3

Milch	Menge (g/ml)	kcal	Fett (g)	Kohlenhydrate (g)	Fettkalorien (%)
Kuhmilch, H-Milch, 3,5% Fett	100	64	3,5	4,8	49,2
Kuhmilch, H-Milch, entrahmt	100	35	0,1	4,9	2,6
Kuhmilch, H-Milch, 1,5% Fett	100	47	1,5	4,9	28,7
Rohmilch, Vorzugsmilch	100	67	3,8	4,8	51,0
Schwedenmilch, 3,5% Fett	100	64	3,2	4,8	45,0
Trinkmilch, 3,5% Fett	100	64	3,5	4,8	49,2
Trinkmilch, entrahmt	100	35	0,1	4,9	2,6
Trinkmilch, fettarm, 1,5% Fett	100	47	1,5	4,9	28,7
Ziegenmilch	100	69	3,9	4,8	50,9
Bärenmarke, BIO Alpensahne, 12% Fett (Glasflasche)	100	135	12,0	4,0	80,0
Bärenmarke, Leichter Traum, 3% Fett	100	83	3,0	8,3	32,5
natreen Sprühfertige Sahne	100	194	15,2	12,0	70,5
Omira MinusL Laktosefrei, haltbare Milch, 1,5% Fett	100	46	1,5	4,7	29,4
Omira MinusL Laktosefrei, haltbare Vollmilch	100	67	3,8	4,8	51,0

Milchprodukte	Menge (g/ml)	kcal	Fett (g)	Kohlenhydrate (g)	Fettkalorien (%)
Buttermilch	100	35	0,5	4,0	12,9
Buttermilch, Frucht	100	63	0,5	10,5	7,1
Buttermilchpulver	100	380	5,5	44,0	13,0
Crème fraîche, 30% Fett, 1 Esslöffel	15	45	4,0	0,0	80,0
Crème fraîche, 40% Fett	100	378	40,0	2,5	95,2
Dr. Oetker Crème légère	100	169	15,0	4,9	79,9
Dickmilch, entrahmt	100	32	0,1	4,2	2,8
Dickmilch, Trinkmilch, 3,5% Fett	100	61	3,5	4,0	51,6
Joghurt aus Magermilch	100	32	0,1	4,2	2,8
Joghurt, 1,5% Fett, mit Früchten, gezuckert	100	78	1,3	13,6	15,0
Joghurt, 1,5% Fett	100	44	1,5	4,1	30,7
Joghurt, 3,5% Fett, mit Früchten, gezuckert	100	94	3,1	13,5	29,7
Joghurt, 3,5% Fett	100	61	3,5	4,0	51,6
Kakaotrunk aus Magermilch	100	52	0,3	8,9	5,2
Kefir aus Trinkmilch, 3,5% Fett	100	61	3,5	4,0	51,6
Kefir, 1,5% Fett	100	48	1,6	3,2	30,0
Kefir, 10% Fett	100	124	9,6	4,0	69,7
Kondensmagermilch, gezuckert	100	269	0,2	56,7	0,7
Kondensmagermilch, ungezuckert	100	83	0,2	12,1	2,2
Kondensmilch, 10% Fett	100	176	10,1	12,5	51,6
Kondensmilch, 4% Fett	100	128	4,1	13,3	28,8
Kondensmilch, 7,5% Fett	100	133	7,6	9,6	51,4
Kondensmilch, gezuckert, 8% Fett	100	320	8,8	51,9	24,8

Milchprodukte (Fortsetzung)	Menge (g/ml)	kcal	Fett (g)	Kohlenhydrate (g)	Fettkalorien (%)
Milchpudding	100	94	1,2	18,0	11,5
Molke, süß	100	24	0,2	4,7	7,5
Molkenpulver	100	345	2,9	68,2	7,6
Sahne, 10% Fett	100	123	10,5	4,1	76,8
Sahne, 30% Fett	100	309	31,7	3,4	92,3
Saure Sahne, 10% Fett	100	117	10,0	3,7	76,9
Saure Sahne, extra	100	187	18,0	3,4	86,6
Schlagsahne, extra	100	346	36,0	3,2	93,6
Schmand, 24% Fett	100	239	24,0	3,2	90,4
Dr. Oetker Crème fraîche, Classic	100	295	30,0	3,8	91,5
Exquisa Mascarpone	100	387	39,0	4,0	90,7
Müller Diät Milchreis Himbeer	100	85	2,2	12,7	23,3
Müller Diät Milchreis Pfirsich-Maracuja	100	85	2,2	12,5	23,3
Omira MinusL Laktosefrei, Quark-Tropfen-Zubereitung	100	62	0,3	2,2	4,4
Omira MinusL Laktosefrei, Schlagsahne, mind. 30% Fett	100	293	30,0	3,4	92,2
Omira MinusL Laktosefrei, Schmand, 24% Fett	100	256	24,0	5,4	84,4
alpro soya Yofu Bio Natur 4 x 125 g	100	58	2,7	2,8	41,9
alpro soya Yofu Erdbeere 4 x 125 g	100	83	2,2	11,5	23,9
alpro soya Yofu Exotic 2 x 125 g	100	86	2,2	12,3	23,0
alpro soya Yofu Pfirsich 4 x 125 g	100	87	2,2	12,4	22,8
alpro soya Yofu Waldfrüchte 2 x 125 g	100	85	2,2	11,9	23,3
Omira MinusL Laktosefrei, probiotischer Joghurt mild, 3,8% Fett	100	75	3,8	5,8	45,6
alpro soya Cuisine	100	168	17,0	1,5	91,1
alpro soya Drink Calcium Light	100	30	1,2	2,4	36,0

Speisequark	Menge (g/ml)	kcal	Fett (g)	Kohlenhydrate (g)	Fettkalorien (%)
Fitline 0,2% Fett	100	64	0,2	4,1	2,8
BUKO Aktiv mit Joghurt, 0,2% Fett	100	69	0,2	5,2	2,6
BUKO Aktiv mit Joghurt Gartenkräuter, 0,2% Fett	100	66	0,2	4,6	2,7
BUKO Aktiv Natur + Gartenkräuter	100	80	0,8	4,0	9,0
BUKO Buttermilch	100	130	6,0	3,5	41,5
Fruchtquark, 10% Fett i. Tr.	100	115	2,0	13,0	15,7
Fruchtquark, 20% Fett i. Tr.	100	124	3,7	12,7	26,9
Fruchtquark, 40% Fett i. Tr.	100	205	11,0	15,0	48,3
Mascarpone	100	460	47,5	3,6	92,9
Speisequark, 20% Fett i. Tr.	100	109	5,1	2,7	42,1
Fitness Quark Bourbon-Vanille	100	88	0,2	14,9	2,0
Speisequark, 40% Fett i. Tr.	100	160	11,4	2,6	64,1
Speisequark, mager	100	72	0,3	3,2	3,8

Eier	Menge (g/ml)	kcal	Fett (g)	Kohlenhydrate (g)	Fettkalorien (%)
1 Eidotter	19	67	6,1	0,1	81,9
1 Eiklar	33	15	0,1	0,0	6,0
1 Hühnerei (Gewichtsklasse S)	48	75	5,4	0,3	64,8
1 Hühnerei (Gewichtsklasse M)	58	90	6,6	0,4	66,0
Hühnerei (Gesamtinhalt)	100	156	11,3	0,7	65,2
Hühnereigelb	100	353	31,9	0,3	81,3

Tierische Fette	Menge (g/ml)	kcal	Fett (g)	Kohlenhy-drate (g)	Fettkalo-rien (%)
Butter (Süß- und Sauerrahm)	100	754	83,2	0,7	99,3
Butterschmalz	100	897	99,5	0,0	99,8
Gänseschmalz	100	896	99,5	0,0	99,9
Du darfst leichte Butter	100	364	39,0	0,6	96,4

Pflanzliche Fette und Öle	Menge (g/ml)	kcal	Fett (g)	Kohlenhy-drate (g)	Fettkalo-rien (%)
Diätmargarine	100	722	80,0	0,2	99,7
Distelöl	100	899	99,9	0,0	100,0
Erdnußöl	100	895	99,4	0,2	100,0
Halbfettmargarine	100	368	40,0	0,4	97,8
Frischer Landrahm, Rotkäppchen	100	264	26,0	3,0	88,6
Kakaobutter	100	920	100,0	0,0	97,8
Kokosfett, gereinigt	100	894	99,0	0,0	99,7
Margarine (Pflanzenmargarine)	100	722	80,0	0,4	99,7
Olivenöl	100	897	99,6	0,2	99,9
Rapsöl	100	900	100,0	0,0	100,0
Sesamöl	100	896	99,5	0,0	99,9
Sojaöl	100	899	99,9	0,0	100,0
Sonnenblumenöl	100	898	99,8	0,0	100,0
Traubenkernöl	100	900	100,0	0,0	100,0
Walnußöl	100	896	99,5	0,0	99,9
Weizenkeimöl	100	900	100,0	0,0	100,0
Mazola Keimöl	100	820	91,0	0,0	99,9

Samen und Nüsse	Menge (g/ml)	kcal	Fett (g)	Kohlenhy-drate (g)	Fettkalo-rien (%)
Cashewnuss	100	569	42,0	30,5	66,4
Erdnuss	100	570	48,1	8,3	75,9
Erdnuss, geröstet	100	588	49,4	9,4	75,6
Erdnussflocken	100	520	28,0	54,0	48,5
Erdnusspaste (-mus)	100	630	50,0	17,0	71,4
Haselnuss	100	647	61,0	11,4	84,9
Kastanie, Marone	100	196	1,9	41,2	8,7
Kokosmilch (Nussinhalt)	100	9	0,2	1,4	20,0
Kokosmilch, Konserve	100	166	17,0	1,8	92,2
Kokosnuss, reif	100	363	36,5	4,8	90,5
Kokosraspel	100	606	62,0	6,4	92,1
Kürbiskerne	100	600	50,0	5,0	75,0
Leinsamen, ungeschält	100	393	30,9	0,0	70,8
Macadamianuss	100	687	73,0	0,0	95,6
Mandel	100	577	54,0	3,7	84,2
Mohnsamen	100	492	42,2	4,2	77,2
Paranuss	100	673	67,0	3,6	89,6
Pekannuss	100	703	72,0	4,4	92,2
Pinienkerne	100	674	60,0	20,5	80,1
Pistazienkerne	100	618	51,6	17,5	75,1
Sesamsamen	100	574	50,0	10,2	78,4
Sonnenblumenkerne, geschält	100	596	49,0	12,3	74,0
Walnuss	100	666	62,0	12,1	83,8

Backmischungen	Menge (g/ml)	kcal	Fett (g)	Kohlenhydrate (g)	Fettkalorien (%)
Biskuit	100	320	4,0	64,0	11,3
Gewürzkuchen	100	390	15,0	58,0	34,6
Hefeteig	100	303	7,0	52,0	20,8
Marmorkuchen	100	381	15,9	52,0	37,6
Nusskuchen	100	417	23,8	43,2	51,4
Rührteig	100	430	19,0	58,0	39,8
Sachertorte	100	365	17,5	42,4	43,2
Zitronenkuchen	100	360	12,0	58,0	30,0
Apfelstrudel	100	230	12,0	28,0	47,0
Blätterteig	100	375	25,0	33,0	60,0
Hefeteig	100	270	6,0	47,0	20,0
Pizzateig	100	258	6,4	43,0	22,3
Mondamin Hefe-Obstkuchen-Teig (1 Beutel)	240	1010	26,0	166,0	23,2
RUF Biskuit-Teig	100	365	2,6	80,3	6,4
RUF Eierpfannkuchen	100	414	5,6	75,4	12,2
RUF Hefe-Teig	100	335	1,5	68,7	4,0
RUF Obstkuchen-Teig	100	0	1,2	78,5	0,0
Schär Margherita Mix A (glutenfrei)	100	370	0,5	90,7	1,2
Schär Pizza (glutenfreier Pizzaboden)	100	250	0,9	57,4	3,2

Frischteige	Menge (g/ml)	kcal	Fett (g)	Kohlenhydrate (g)	Fettkalorien (%)
Nestlé Mürbeteig, Plätzchenfrischteig	100	470	26,0	53,0	49,8
Nestlé Vanillekipferl-Teig, Plätzchenfrischteig	100	454	24,0	52,0	47,6
Nestlé Zimtstern-Teig, Plätzchenfrischteig	100	407	12,0	68,0	26,5

Fein- und Dauerbackwaren	Menge (g/ml)	kcal	Fett (g)	Kohlenhydrate (g)	Fettkalorien (%)
Baiser	100	110	0,0	20,0	0,0
Biskuit (Löffel-)	100	407	5,0	82,0	11,1
Butterkeks	100	422	10,0	75,0	21,3
Kräcker	100	450	14,0	70,0	28,0
Mandelmakronen	100	376	24,0	35,0	57,4
Müslikeks	100	443	19,0	60,0	38,6
Russisch Brot	100	388	1,0	88,2	2,3
Tortenboden	100	346	5,2	68,3	13,5
Frühstückszwieback	100	373	5,0	60,0	12,1
Kokoszwieback	100	420	12,0	71,0	25,7
Kokos, Mini	100	419	11,0	73,0	23,6
Schoko, mini	100	464	20,1	62,4	39,0
Aniszwieback	100	388	4,0	81,0	9,3
Zwieback, eifrei normal und Mini	100	394	6,0	74,0	13,7

Alkoholische Getränke *Branntwein, Likörwein*	Menge (g/ml)	kcal	Fett (g)	Kohlenhydrate (g)	Fettkalorien (%)
Apricot Brandy, 35 Vol.-%	20	65	0,0	6,0	0,0
Cointreau, 40 Vol.-%	20	75	0,0	6,0	0,0
Eierlikör, 20 Vol.-%	20	57	1,4	6,0	22,1
Fruchtsaftlikör, 30 Vol.-%	20	60	0,0	6,0	0,0
Grand Marnier, 40 Vol.-%	20	75	0,0	6,0	0,0
Likör i. D.	20	65	0,0	6,0	0,0

Sie legen jetzt los? Wollen Ihre Ziele mit LowFett 30 schaffen?

Schauen Sie doch mal ins Internet und besuchen unsere Homepage, hier bekommen Sie Rat und Hilfe, oft schon nach wenigen Minuten. Da finden Sie weitere Bücher zum Thema, Rezepte, ein Online-Abnehmprogramm, die Möglichkeit einer persönlichen Ernährungsanalyse und weitere begleitende Artikel wie unsere Hypnose-CD oder die Dauer-Brat- und Backfolie zum fettfreien, knusprigen Braten. Über die verschiedenen Foren können Sie Gleichgesinnte treffen und auch die Termine und Orte unserer LowFett 30-Nordic Walking Kurse abrufen ... vielleicht ist der nächste Stammtisch ja gleich in Ihrer Nähe. **Wir freuen uns auf Sie.**

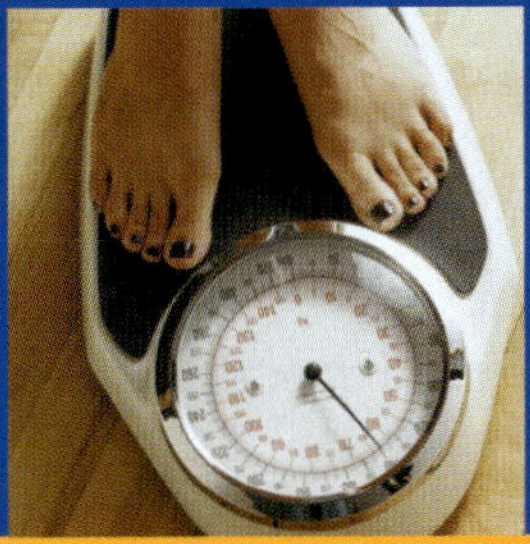

> Mehr über LowFett 30 > Tipps und Tricks > Frage-Antwort-Foren > Bücher, Rezepte und noch viel mehr

www.lowfett.de

LowFett 30-GmbH & Co. KG
Volksgartenstr. 85
41065 Mönchengladbach
fon: 02161 47957-0 fax: 02161 47957-77

LOW FETT einfach leichter!

Alphabetisches Rezeptverzeichnis

M

N

O

P

Q

R

S

T

V

W

Z

Rezeptverzeichnis nach Rubriken

Auch zum Frühstück sehr lecker

Fürs kleine Kaffeekränzchen

Unsere Highlights: Muffins

Feines zum Verwöhnen

Weihnachtsbäckerei

Brot und herzhaftes Gebäck

Dieses Buch wurde auf chlorfrei gebleichtem und säurefreiem Papier gedruckt.

Der Text dieses Buches entspricht den Regeln der neuen deutschen Rechtschreibung.

ISBN 978-3-8094-2194-8

Umschlaggestaltung: Atelier Versen, Bad Aibling
Layout: Petra Zimmer, Weinheim/Bergstraße
Redaktion: Anja Halveland
Projektleitung für diese Ausgabe: Claudia Markl
Fotos:
Klaus Arras, Köln: 2 (re), 6, 24 (li), 31, 53, 55, 78 (großes Foto), 79, 85, 87, 112 (großes Foto), 119
Damir Begovic, Hamburg: 20, 21, 24 (großes Foto), 40 (großes Foto), 40 (li), 46, 47, 49, 90, 92, 95, 96 (großes Foto), 97, 99
Bonisolli/Mosaik Verlag: 41, 67, 73, 77
Carsten Eichner, Hamburg: 15, 129
Angela F. Endress, Usingen-Eschbach: 40 (re), 43
Ulrich Kopp, Füssen: 3, 60, 61, 63, 65, 69, 71, 75, 78 (re), 89
Martin Krapohl, Düsseldorf: 2 (li), 113, 115, 127
Stefan Oberschelp, Frankfurt: 51
Amos Schliack, Hamburg: 1, 2 (großes Foto), 4, 9, 23, 26, 28, 30, 32, 34, 36, 38, 42, 44, 46, 48, 50, 54, 56, 57, 58, 62, 64, 66, 68, 70, 72, 74, 76, 80, 82, 84, 86, 92, 98, 100, 106, 108, 110, 114, 116, 118, 120, 123, 128, 130, 140, 142
Fotostudio Schmitz, München: 7, 12, 13, 24 (re), 33, 35, 78 (li), 81, 83, 93, 112 (kleine Fotos), 121, 125
TLC Foto-Studio GmbH, Velen-Ramsdorf: 11, 25, 29, 37, 45, 91, 103, 109, 117
Brigitte Wegner, Bielefeld: 22, 27, 39, 59, 96, 101, 105, 107, 111
Fotodisc: 16, 17

Satz: Alois Winter Werbung & Herstellung, Wiesbaden
Satz dieser Ausgabe: Filmsatz Schröter, München
Druck: Neografia a.s., Martin

Printed in Slovakia

115120604X817 2635 4453 6271